JN076212

よひとやむみな

穂乃子

ナチュラルスピリット

「よひとやむみな」の題名について

「世も人もみんな止まる」という意味。
音（おん）の効果もあり「みなやむ」ではなく「やむみな」としたとのことです。
この言葉の音の順で「愛と光と美の波動」があるそうです。
数字に置き換えると四一十八六三七。

よひとやむみな　目次

富士は晴れたり、日本晴れ。

いよいよ、大峠の時が来た。もう変えることはできん。
大難を小難にするよう伝えてきたが、
今となっては、肚を据えて迎えるしかない。

天明に書かせた神示を、その後、お役の人々が広めてくれた。
そしてこれまで、日本を、世界を、人間たちを見ておった。
何度か、また何人かに神示を降ろしてきたこともあった。

これから、大峠を前にした人間各々の在り方について伝えねばならん。
これまでの神示では、日本人に伝えているかのように受け取られておるが、
やまとの身魂（みたま）を持った人々に伝えておるのじゃ。

確かに、日本の地でやまとの身魂を持っておる者は多い。
されど、やまとの身魂を持っていない日本人の方が大勢おるぞ。
外国に住む人間にもやまとの身魂を持っている者がおる。
この神示は、やまとの身魂を持っている世界中の人間に伝えるのぞ。

今の世で起こっていることは、なるべくしてなっていることは分かるであろう。
この世は昔より明るいと思う人間、
人より喜びある生き方をしておると思っておる人間は、たくさんおるようだが、
ますます穢れてきておるのが分からんか。

この世を光の世にするのは、そなたたち身魂次第じゃと申してきた。
されど、自分を磨くとはどういうことか、
分かっておらぬ人間が多すぎる。
科学というものが発達し、食べることもできるようになった。
作業するのも楽になったようであるが、
殺し合っておる者たち、
食べていけぬ者たち、
苦しむ者たち、
諦めておる者たち、
不足を申す者たちばかりではないか。
今の科学というものは、便利にするものであるが、幸せにするものではない。

戦は終わったと申しておるが、そなたたちの心はまだ戦っておるではないか。
何のために人間に生まれてきたのかを忘れておる。

この神示、何度もくり返し読め。
魂で読め。
疑えば疑いの世に、魂で受け取れば光の世になろう。

ここでは、天明に書かせた神示の中から、主に身魂磨きについて伝える。
祓い清めの行は、他の役割の人間に降ろしておる。
わたくしを疑う者は読まんでもよい。
だが、邪魔はするな。

人間進化に必要な最初の段階、上つ巻を知らせるぞ。
天の理を知らせるぞ。

上つ巻

上から下への流れ

聖なる言葉は、神から下りてくる。
それは水が上から下へと流れるように、
神の気である意識も、天界から現実界へと流れる。
ほとんどの人々は曇っておるから、
上からの気を自身の中へ下ろすことができん。
自分で詰まらせておるから、神とて無理に下ろすこともできん。
下から上ばかり眺め、横ばかり気にして、不安になっておる者ばかりの世じゃ。

頭ばかり使っておるから、自分が分からん。
曇っておるから、神の心も分からん。
これまでに「身魂を磨け」と何度も申したが、

曇っておれば「磨く」ということが分からんであろう。

何もかも一度に出てくるぞ。
海が陸になり、陸が海になるぞと申した。
これから起こるぞ。
今までのようなものではない。
早く身魂を磨いておくれ。
神とともに生きられるように磨いてくれよ。
それが神々の願いじゃ。

神の米

「富士」と名のつく山はみな、神の山。
見晴らし台とは、身を晴らす場所。
見渡し台ではない。
身を晴らすのだぞ。
身を晴らすとは、身体の中に神の霊を入れられるようにすることぞ。
そなたたちの身体の中一杯に、神の力を満たすことぞ。

世界の神の山々を探してみよ。
真理を見出してみよ。
そこは神の米が出てくる場所。
それは先天の気ともいう。
本来、生き物は先天の気を授かって生まれてくるが、
その後、増えることはない。
それが無くなると死ぬ。
寿命というものじゃ。
我（が）で生きる者は、その気を早く使い果たす。
母の胎内でいただいた神の米を大事にしておくれ。

富士という名の山は、神の米を生み出しておる。
されど、それが今では少なくなってきた。
多くの人間の身魂の穢れが引き起こしておる。
それを理解し、早く身魂を磨いてくれよ。

富士を開くとは心に神を満たすこと。

日向（ひむか）とは、神を迎えることぞ。

神を迎え入れた人間は、神の使いとなり、神とともに働く人ぞ。

三千世界からのエネルギーの流れ、大自然のリズムに意識を向けて、早く真理に気づいておくれ。

早く心を開いておくれ。


ひむかのお役をする人は、病を治し、人々を神の方に向けさせる人間じゃ。

この真理をよく肚に落とし、間違わぬように伝えておくれ。

因縁のある人々

いくら金を積んで神の御用をさせてくれと申しても、
いくら学や智があるから、お役をさせてくれと申しても、
因縁のある人々、御用する人々は決まっておる。
因縁のある人々にしかできんことじゃ。
因縁のある人は、どんなに苦しいお役でも心が躍るものじゃ。
心が躍るから辛くはない。

それが因縁のある印よ。
魂職というものじゃ。

因縁がなければ、何かがあると理屈をつけてやめてしまう。
因縁がなければ、自分の思うようにしようとし無理を言い出す。
そのような人間に使う時間はない。

わたくしは、因縁のある身魂に小さい病治しや按摩の真似はさせん。
大きな病、人間の曇った魂を直させるのじゃ。
神が因縁のある身魂の心の扉を開くのだから、
人間の考えで人を集めないでおくれ。
神がそれを開くのだから、
用意のできた人は、やってくるようになるぞ。

心の鏡

人は神に目を向ければ、神が映り、
神に耳を傾ければ、神が聞こえ、

神に心を向ければ、神が映る。
疑いある者が他人を見れば、相手が疑っていると思い、
恐れがある者が他人を見れば、自分を恐がらせているように映る。

人の心はすべて鏡。

そなたが見ているもの、聞いているもの、解釈しているもの、分かっているつもりの世界、
すべて鏡じゃ。

自分の世の中のとらえ方を見てみよ。

すべてそなたの鏡に映っているだけだと気づけよ。

そなたが作り出したものじゃ。

そして、その鏡は映すだけではないぞ。
そなたの波動を発しておるのぞ。
その波動は、出来事、出会う人、
すべてそなたが引き寄せ、自分に見せておる仕組みなのじゃ。

怒りが湧くのは、心の奥に溜まった怒りがあるからじゃ。

溜めた怒りで鏡が曇り、

外界で起こっていることが刺激となって怒りが出る。
溜まった怒りが、それを刺激する出来事や人を呼び寄せておることを理解せよ。
人を見下せば、相手の中に見たものが自分にあるのじゃ。
磨けた者の心に溜まった怒りは、無くなるから腹は立たん。

各々の御魂（みたま）の程度によって、神の映り方が違う。
曇った人間はそれが分からんから、それが現実だと申しておる。
相手のせいじゃと申しておる。
すべて自分の曇りが現われておるのじゃ。
嫌な気持ちになったら、
鼻高な気持ちになったら、
曇っておることを知らせる仕組みじゃと理解せよ。
それを指針にせよ。

早く曇りを取っておくれ。
早く幻から目覚めておくれ。

草を見て神が見えるか。

雨を見て神を感じるか。
人を見てその人の中に神が見えるか。
身魂磨きが出来た人から、神の姿がそれ相応に映るようになるぞ。

心許すな

曇った人間たちには、本当の大将が誰か分からんであろう。
誰か分からぬままに付き従おうとしておる。
お役をする人は、この事が分かるようにしっかりと伝えておくれ。
お役をする人が曇っていると、神は代わりの人に取り換えるぞ。

この道は、ちっとも心許せん誠の神の道。
なぜ心許せんのか分かるか。
人の心は曇りやすいからじゃ。
気をつけねばならんぞ。
常に自分の心を監視しておれ。
心許せんぞ。
そうすることで、曇った人間から誠の神の道を知る人間になる。

五十九

五十九の身魂[註1]があれば、この仕組みは成就する。
これが世の元の神の数。
今はまだ四十九じゃ。
因縁のある身魂とは、御用が決まっている人間のこと。

されど、どうすればいいのか分からぬ人間、
見当違いのことをしておる人間ばかり。
曇りを取り、御用のできる人間が増えねばならん。
やまとの民を、世界の民を救わねばならん。

五十九の身魂は、神が守り神とつながる。
これだけの身魂が力を合わせれば、善き世の礎となるのぞ。
この身魂はいずれも落ちぶれていたり、
落ちぶれているように見えたりする。
そのような人間が訪ねて来ても分からん。

お役をする人よ、気をつけよ。
どんなに落ちぶれていても、訪ねてきた者には親切にしてくだされよ。
何事も時節が間近ぞ。

身魂の洗濯

心とは、人間の思うような心ではない。
身魂とは、人間の思うような身魂ではない。
身魂は「身」と「魂」とひとつになっているものをいう。
神の心を持った人間は、身と魂の分け隔てはない。
身体は魂であり、魂は身体じゃ。

幽国に支配されている人々には、
身体ばかりを磨く人間や、魂ばかりを磨く人間がおる。
それでは、つり合いが取れておらん。
外側ばかりを磨いても、
枯れていく花を生き返らせることはできん。

魂ばかりを磨いても、
この世界に花を咲かせることはできん。
身も魂も分かれてしまっておる。
それも「我(われ)よし」のエゴで磨いておる。

神には身魂の別はない。
このことが分かったら、神の仕組みが少しずつ分かるようになるぞ。
身魂の洗濯には、身体の洗濯と心の洗濯、ともに必要ぞ。
よく気をつけてくれよ。
神の申すことは違わんぞ。

すべての岩戸が開かれる前に

岩戸を開く役と岩戸を閉じる役とある。
これからは開くお役が要る。
岩戸が開けば、一旦世界は言うに言えぬことが起こる。
しっかり身魂磨いておいてくれよ。

この真理の道が進んでくると、偉い人が現われるであろう。
これは、どんな人にも分からん神の道じゃ。
お役のある人は周りの人に、どんなことでも教えてやれよ。
何でも分からんことがないように、この神示で知らせておくぞ。

この道はスメラの道、澄める御民の道、心清くある人間の道。

岩戸開くまでに、まだ一苦労あるぞ。
この世は、もっと悪くなる。
神も仏もこの世にはおらんと思うところまで、とことん落ちていくぞ。

人々の心の鏡が曇っておるから、
何も分からんようになっておる。
善いことが悪く映り、悪いことが善く映っておる。
今の上に立つ人は、ひとつも真の善いことを致しておらん。
これで世が治まると思うてか。
下の者よ、見極めよ。考えよ。

神は、今まで見て見ぬふりをしておったが、
これからは厳しく、どんどん神の道に照らして神の代に致すぞ。
そのつもりでおってくれ。

今の世に曇り果てて、落ちている人間たちよ、
豊かになっておるのにさらに欲張るか。
欲張るから苦しいのだぞ。
早く身魂を洗濯せよ。
見えなかったすべての物事がはっきりと映ってくるぞ。
神が映るぞ。

世の元の大神の仕組み

世の元の大神の仕組みというものは、下の神々にも分からん仕組み。
この仕組みは、身魂磨きがしっかり出来た者には分かる。
分かったふりではいかんぞ。
なかなかに難しい仕組みじゃ。

お役をしている人よ、
これを知らせるときは、信じる者、心を開く者に知らせるのだぞ。
耳を貸さぬ者、我(われ)よしの枠から出ない者には知らせんでもよい。

外の国がいくら攻めて来ようとも、
やまとの民に分からぬように操りに来ようとも、
世界の他の神々がいくら寄せて来ようとも、
ぎりぎりになったら、神の元の神力を出して岩戸が開かれ、
一人の王、神をまつった人間が出て来る。
今、その王は、日本に生まれて成長しつつある。
その人間が政治をするぞ。
その王が、やまとの民とともに神の誠の代に致すぞ。

今度は永遠に変わらぬ代に致すのじゃ。
世の元の大神でないと分からん仕組み。
洗濯が出来た人間には、次々と喜びのお役が与えられ、喜びの代に致すぞ。
神が人間にお礼申すから、
一切のゴモク*を捨てて神の申すことを聞いてくれよ。

*ゴモク：京都の言葉でゴミのこと

ゴモク

ゴモクは穢れ。
ゴモクは曇り。
「我」の意識から来るエゴじゃ。
内に溜まった怒り、不満、恐れ、恨み、すべてゴモク。
内から湧き起こる「我よし」「我正し」の慾もすべてゴモクじゃ。

エゴからくる慾や感情で心が曇ると、自分の力しか出せん。
そのエゴの曇りを取って、澄んだ目で見てみよ。
自分とは思えん力が出るぞ。
そのための改心ぞ、掃除ぞ。

因縁ある身魂は、どうしても改心させねばならん。
改心とは、今までの考え方や価値観を一旦手放すことぞ。
新しい御代のために、新しい考え、価値観が要るぞ。
古いものを手放すから、新しいものを手にするのぞ。

今までの価値観や物差しを外さねばならんぞ。
新しい本来の人間にならねばならん。
改心が遅くなると難しくなる。
今のうちにしておかなければ、それどころではなくなるぞ。

ゴモクの落とし方を申すぞ。
ひとりの静かな時間を取り、目を閉じて、
これから申すことを想像してみよ。

心には渦のように中心と周辺部がある。
我(が)は周辺部ぞ。
エゴからくる感情に振り回されるのは、自分の意識が周辺にあるからじゃ。
渦に飲み込まれてしまうのじゃ。

周辺部には古い考え方や価値観がある。
それが良い悪い、成功失敗、上下、優劣、損得、
すべて何かを二極に分ける物差しぞ。
人間は見えるものや起こる出来事を、この物差しですぐに判断しておろう。

日々、瞬間ごとに判断し、ゴモクは溜まりだす。
そこから離れて中心に意識を置け。
中心は、台風の目のように静かで風ひとつない。
星さえ見える。
何もないのじゃ。
何もないがすべてがあるところ。

中心から周辺を静かに観察してみよ。
決して渦の中に入ってはならん。

怒りが見えるであろう。
恐れも、心配も、慾も、我（われ）よしの気も見えるであろう。
それらは周辺にあるものじゃ。
そこに居たら中心には入れん。

エゴは中心には存在できん。
純粋な意識だけが中心に入れる。

そこは大宇宙と、神とつながるところ。
神の気が入るところ。
光の柱となるところじゃ。

意識を常に中心に置け。
慾や感情から離れよ。
それを習慣とせよ。
毎日行え。
するとゴモクが垢を落とすように、
だんだん無くなっていくことに気づくであろう。

今の人間は、外にばかり意識を向け、
周辺部にある慾や感情で振り回されっぱなしじゃ。
そのような人間を「眠っている」というのじゃ。
自分自身の観察者になれ。
観照者となれ。
周辺にあるゴモクを、ただ観る者となれ。

神はそなたたちの心や行いをすべて記録しておる。
お見通しじゃ。
今まで何をして、何を考え、何を隠してきたのか、
そなたたちが忘れておっても神は知っておる。
神の記録に間違いはない。

神の申すことが分からんでも従ってみよ。
初めは辛いなれど、段々分かってくるようになる。

外の国から有形、無形の方法で攻めて来て、
日本の国が丸潰れというその瞬間、
元の神の力を出して世を立て替えるぞ。
都会と呼ばれるところも昔のようになる。
人間の心も昔のようになる。
今は神が息を止めて、大峠にならんようにしているが、
それもしばらくじゃ。
今に元のようにしなければならんことになる。

富士は神の山。
いつ火を噴くか分からんぞ。
神は噴かさんつもりでも、いよいよとなれば噴火させねばならん。

やまとの民

過去の大戦の時、いよいよとなって外国が強いと見れば、
外国へ付く人間や外国に味方する人間がたくさん出た。
今も同じじゃ。
これからは、そんな人間は一人も要らぬ。
早く誠の者ばかりで、神の国を固めておくれ。
そなたたちは、世界の、地球の、日本のお役目が分かっておらん。
日本のお役目は、世界の人間の身に魂を戻すことじゃ。
日本にいるやまとの民の身魂が磨けたら、
世界の民に御魂が戻る。

生まれたときは、だれしも御魂を持って生まれる。
されど外の国の御魂は失われやすい。

それは悪のエネルギーの強さじゃ。
これまでの国々や民族の戦い、宗教による戦い、人々の慾や恨み、
苦しんだ庶民の怒りと恐れと悲しみの気、
そのような気を吸った大地は、ますます穢れていく。
そのうえ、負の食べもののエネルギーで魂を失いやすくなってしまった。

日本も場所によってはそのようなエネルギーはある。
日本にも魂のない人々がたくさんおる。
されど、身魂の磨けたやまとの民が増えることで、
光のエネルギーが世界に広がるようになるのじゃ。

これは、やまとの民でないとできんこと。
やまとの民のお役目ぞ。
大宇宙の中の存在たちは、それぞれのお役目を果たしておる。
彼らに合ったお役目を果たしておる。
人間も同じぞ。
それゆえ、やまとの民のお役目を伝えておるのぞ。
それが分かったら、早く身魂を磨いてくれよ。

世界のために磨いてくれよ。

大峠に近づく兆し

一日に十万の人が死に出したら、神の代が近づいたと思え。
テレビや新聞や専門家と称する者などの情報を鵜呑みにせず、
よく世界のことを見て、よく考え、みなに知らせてくれよ。

わたくしは世界中の神、
人類創造エロヒムの一柱、
天地、宇宙を司る神の一柱、
瀬織津姫穂乃子[註2]じゃ。

わたくしに小さいことを申すではないぞ。
じゃが、小さいこともせねばならんぞ。
小さいことじゃと思っていると、間違いが起こることもある。
よく気をつけてくれよ。

北からくるぞ。
わたくしは、気配も兆しもない時から知らせておる。
これから一日一握りの米に泣くときが来る。
着る物にも泣くときが来る。
いくら買い占めても、
神の許さん物ならば、ひとつも身にはつかんぞ。

今という世は、着ても着ても、食っても食っても、何もならん餓鬼の世じゃ。
欲張っていろいろ溜め込んでおる者は、気の毒が自身に出るぞ。
早く神心に返ってくれよ。

この岩戸が開くと、苦労の分からん人には越せん。
踏みつけられ、痛めつけられても、
立ち上がる人たちの力で乗り越えるのぞ。
その者たちが次々と新しい御代を作り始め、
永遠に名が残るようになるであろう。
元の世にせねばならんから、神はしっかり伝えておくぞ。
そのつもりでおってくれよ。

富士と鳴門の開き

以前、お役のある人に、富士を開き鳴門へも行ってもらった。
されど、また閉じられてしまった。
今のお役の人に開きに行くよう知らせるぞ。
聞こえたら急ぐのぞ。

人々よ、
観光じゃ、登山じゃ、パワースポットじゃ、祈りじゃと申して、
むやみに行かないでくれよ。
人間の集まるところにゴモクのエネルギーが溜まる。
溜まると、その場所のお役目ができなくなる。
場所にもお役目があるのじゃ。
人間には自然とのつき合い方があるというもの。
それを分かっておくれ。

何も分からないまま自分が清められることを願って、

その地を荒らしてはならん。
清めは自分。
場所に頼るではない。
それを肚に入れよ。
それを分かってくれよ。
神は急くのじゃ。

神をまつろう

今度の御用は結構な御用。
いくら金を積んでも、因縁のない者に御用はさせん。
今に御用させてくれと金を持って来る者がおろうが、
神の御用は金ではない。
慾にまみれた汚れた金は御用にならん。
邪魔じゃ。
何もかも神がするから慾を出すな。
誠の者を集めるから何も心配するな。

日々に分かって来る。
あとしばらくぞ。
素直な人間には、楽しく楽な暮らしをさせるから心配するな。
気の毒が出るぞ。

神の用意は済んでおるから、人間の用意を早くしてくれよ。
用意して、早くまつってくれよ。
家の中に神をまつることではないぞ。
そなたの心の中に、神がまつろえる場所を作れということぞ。

神をまつろうとは、神が心地よく鎮まれる場を作るということじゃ。
心を静め、目を閉じて瞑想してみよ。
そなたの胸の奥に神聖なる場所がある。
そこは、そなたの御魂の場所であり、神や宇宙とつながるところ。

しばらくそこに意識を置き、その静けさを味わえ。
やがて、神の気が心に満たされてくるのを感じるであろう。

その状態を常とすると、神とともに生きることができる。
神のエネルギーと調和することができる。
それが満たされた心じゃ。
それをしっかりと味わえ。

これが神の神殿を心に作ることぞ。
そのために身魂を掃除しておらんと神は入れん。
「富士は晴れたり、日本晴れ」と申すことが段々分かって来るぞ。

ひつぐの民、みつぐの民

世の元からの身魂に「ひつぐ」と「みつぐ」がある。
ひつぐの民とは霊統、みつぐの民とは血統のことじゃ。

ひつぐの民とは、元の神の直系の子孫、やまとの身魂を持つ人間。
みつぐの民とは、他の惑星からの転身の子孫、やまとの身魂を持っておらん人間。
それを「外の国の人間」とも「星々の人間」「幽国の人間」とも申しておる。

どちらも神の子であることに間違いはない。

この度は、ひつぐとみつぐを結び、すべて助けねばならん。
地球に住むべき人間は、神と人間で見え方が違うのじゃ。
間違わんようにしておくれ。
日本人と申しても、ひつぐの民とはいえん者はたくさんおるぞ。
外国人にも、ひつぐの民となる者はたくさんおる。

見方を改めてくれよ。

枠を手放せ

死んで魂に目覚める者と、生きていても死んだように生きる者がおる。
戦だけでなく、殺さねばならん人間は、
どこまで逃げても殺さねばならん。
生かす人間は、どこにいても生かさねばならん。
闇の力は、まだまだ手ごわい仕組みをしておるぞ。

神の国日本は、千切りと申してあるが喩えではない。
いよいよとなったら、誠の神が神力を出して、
人間では計り知れんような事を起こしてみせよう。
上下引っ繰り返して、永遠の神代に致すのじゃ。

細かく説いてやりたいなれど、
細かく説かねば分からんようでは、神国の民とはいえんぞ。
神の民には、細かく説かんでも分かる身魂を授けてある。

人間社会の価値観にとらわれてくれるなよ。
大きい目で見てくれよ。
枠にとらわれておると、分かるものも分からん。
ゆえに、身魂を磨いてくれと申しておるのじゃ。
物差しを手放して、澄んだ目で見よと申しておるのじゃ。

それとも幽界人並みにして欲しいか。
己の価値を認めさせ、鼻高になりたいか。
金がなければ動かんか。

恐れに取り込まれて、様子見をしたいか。
神を疑い続けたいか。
我（われ）よしの安定にしがみつきたいか。
自身の神以外には耳を傾けんか。
これらは、周辺部のエゴに取り込まれた慾ぞ。
中心に入って、これらの慾を観察してみよ。

みな、闇が作った仕組みの社会の中で作られた考えじゃ。
身魂が曇ったと申しても、これではあまりであろうがな。

そなたたちの心にあるいろいろな慾を見てみよ。
恐れを見てみよ。
中心から観察してみよ。
それらが心を鎖のように取り巻き、
自分自身の御魂が見えんようにしておることが分かるであろう。

枠を外せ。
枠は、今までの人生で擦り込まれた価値観や物差し。

それが我よし、我正しの基準となる。
それらの枠でがんじがらめになっておる。
枠が身魂を曇らせるのぞ。
枠が自分を縛るのぞ。

まずは枠を探せ。
感情に意識を向けよ。
枠が刺激されると、感情が湧くから分かるはずじゃ。
枠のある印じゃ。
枠を探せ。
見つけたら、中心に戻れよ。
それがそなたが本来おる場所ぞ。
人の多く住む場所、火となるぞ。

決意せよ

これからがいよいよの時。

残る者の身も一度は死ぬことがある。
死んでからまた生き返り、生まれ変わる。
今のままだと生き残る者は二分。*

日本の国民同士が食い合うぞ。
取り合うぞ。
殺し合うぞ。
先の大戦のことだけではない。
外国へ逃げていく者も出て来るぞ。
神にしっかりすがっておらんと、何もかも分からんことになるぞ。

子は親にすがるであろう。
子は親が守ってくれると心から信じるであろう。
子は親の言うことを素直に聞くであろう。
子にとって親の愛が一番じゃ。
親の愛に恵まれなかった子は、死ぬまで悲しみを、苦しみを秘める。

人は神の子。

*二分：この書では、20％の意味で使われている。

愛ある親を子が全身全霊で信頼するように神を信じよ。
神に頼れよ。
それがすがるということじゃ。
神とともに生きるということじゃ。
常に磨いた身魂には、神とそなたとが共にいる実感が湧くであろう。

されど気をつけよ。
神にも善い神と悪い神とある。
人は良いことが起こると、善い神に祝福されたと言い、
災難が起こると、悪い神に罰せられたと勝手に言い出すが、
その考えを改めよ。
親が叱ると鬼じゃと申しておる子と同じぞ。
善い神か悪い神かは、身魂が磨かれると分かるようになる。

雨の日は雨、風の日は風ということじゃ。
それが天地の心。
天地の心を早く悟ってくだされ。
嫌なら嫌で他に替わりの身魂がある。

嫌ならやめて結構じゃ。
神は無理には頼まん。
そなた自身がどう生きるのか、決意するときぞ。

立ち止まれよ

地震が起こるぞ。
雷が落ちるぞ。
火の雨が降るぞ。
大地の軸が動くぞ。
それらはみな大洗濯のためじゃ。
よほどしっかりしておらんと生きていけん。

悪い神に乗っ取られた人間がたくさん出てきて、
神の声じゃ、天使の御告げじゃと申して、みなを混乱させ、
ますますわけの分からんことになるであろう。
それらは九分九厘、邪気邪霊じゃ。

身魂磨きの出来ていない者たちが、勘違いして動いておるではないか。
エゴや慾で動き、それでよしと思っておると、
邪気邪霊に乗っ取られるのだぞ。
それにつられて多くの人を集めると、
ますます乗っ取られるぞ。
戻れん道に迷い込むぞ。

早くこの道を開いておくれ。
身魂磨きをすると、
邪霊と神とを見分けることができると申したであろう。

神界ではもう戦の見通しはついているなれど、
今はまだ人間には申されん。
神界で起ることとは、現実界で起こる。
改心すれば分かって来る。
より高次の価値観を持つことぞ。
そのための改心第一ぞ。

北も南も東も西も、みな敵じゃ。
敵の中に味方あり、味方の中にも敵がおる。
人類進化の要である日本へ、みな攻めて来ているぞ。
それは戦だけではない。
今起こっていることを申しておるのじゃ。
目を開けてよく見てくだされよ。

幽国に乗っ取られ、幽国の働き方しておる人間よ、
幽国の衣食住を取り入れておる人間よ、
金の多さが、幸せの証かのように血迷っておる人間よ、
神の子どもたちを競走馬のごとく教育しておる人間よ、
慾にとらわれ、仮面ばかり磨いておる人間よ、
競争心を煽り、勝ち負けで人の価値を計る人間よ、
まったく真実が見えておらんではないか。

楽しみといえば、グルメじゃ、旅じゃと申して、
化けた場所ばかりがにぎわっておる。
儀式にこだわり、瞑想地獄となっておる者もおる。

そこに「我(われ)よし」があることにまだ気づかんか。

立ち止まれ。
立ち止まって見よ。
立ち止まって、自分のしていることや、心の奥にある慾を見てみよ。
眠っておる人間たちのやっておることを見てみよ。
中心に意識を置いて観察してみよ。
そこから身魂の洗濯が始まる。
何が穢れかが、分かるようになるぞ。
それが分からんと洗濯はできん。

いよいよ神の力を現わして、見せてやるぞ。

幽国よ、どんなに強いか攻めて来てみよ。
やまとの民よ、洗濯が第一と申しておることを忘れるなよ。

下つ巻

自然と調和する大地での生き方を下つ巻として知らせるぞ。

鳥居

鳥居は要らぬ。
鳥居とは水のことぞ。
日本は海に囲まれておる。
それが鳥居ぞ。
海という鳥居で護られておるから、神々は自由に動けるのじゃ。
今ある多くの鳥居は、神をその地に封じ込めておる。
動きにくいぞ。
分かってくれよ。

道

山が晴れ、国が晴れ、海が晴れて、初めて天が晴れる。
天晴れて、いよいよ神の働きが烈しくなれば、
人々はますます分からんようになるであろう。
次々に書かせておくから、よく心に留めておいてくだされ。

この教えは、宗教ではない。
教会ではない。
道であるぞ。
今までのような教会や寺社は作らせんぞ。

道とは人が生きる道、人間に神が満つること。
神の国の中に神が満つることぞ。
それが、地球の使命。
それが、大宇宙の真理ぞ。
この道を説く者、金もうけさせせんぞ。

自分の慾を見てくだされよ。
捨ててくだされよ。

神の仕事

今度、岩戸開く御用は、人の五倍も十倍も働く人でないと務まらん。
岩戸開くと申しても、人間各々にも岩戸がある。
大工は大工の岩戸じゃ。
今の仕事の中で心を込めることじゃ。
自分の身魂相当の岩戸を開いてくれよ。
身魂相当の岩戸開きは、
仕事を通してそなたたちの役目を果たすこと。
ひとり一人が愛と感謝と調和を仕事に込めること。
神のお役じゃ。
神の気持ちで行ってくだされ。
自分の仕事の仕方を顧みよ。
我（われ）よしでやっておらんか、

損得でやっておらんか、
不満を溜めながらやっておらんか、
鼻高でやっておらんか、
争っておらんか、
自分に問うてみることぞ。

慾が出ると、何のためにそれをしておるのか分からんことになろう。
何も見えんようになってはいかんから、
わたくしは申しておるのぞ。
神の御用と申して、
自分の仕事を休むような心では、神の御用にならんぞ。
どんな苦しい仕事でも、今の仕事十人分もしてくだされ。
神はお見通しぞ。

次々に良きようにしてやるから、
慾を出さず、素直に今の仕事致しておってくれよ。
その上で神の御用をしてくれよ。
神のお役じゃと申しても、

それで食ったり飲んだり暮らしてはならん。

お役面(やくづら)したら、その日から代わりの身魂を出すぞ。

鼻ポキンと折るぞ。

くれぐれも忘れぬように申し付けておくぞ。

自然の力、神の力

神の力が宿ると申し、神を見せ物にしてはならん。

パワースポットと称し、人々の「我(われ)よし」の慾を刺激し、金もうけをしてはならん。

ご利益があると申し、金もうけをしてはならん。

つられる人間も罪じゃ。


お山の骨も同じであるぞ。

山々を削ってしまい、何と無残なものか。

お山を削れば、お山の力が失われることが分からんか。


神の力が烈しくなると、無駄な話はできんようになる。

神の話しか出来んようになる。
神の話、結構ぞ。

神力と我

神が宿る山々の宮は、五十九の岩で作らせておいた。
今の人間には信じられんような神力を使い、
神心となった因縁の身魂とともに作ったのじゃ。
偶然じゃ、奇跡じゃと申しておるが
曇りのない目で見てみれば、
偶然にできたものではないことぐらい分かるであろう。
人間の力だけではできん。
我を出してもしれたこと。
何事も神に任せて、取り越し苦労するな。

我が無くてもならず、我が有ってもならず。
我のない純粋な意識が主、我は従じゃ。
我は使うもので、使われるものではない。

我から離れることで、
我でできる以上のことができるのじゃ。
何をやってもうまくいく人間や、
奇跡と思えることができる人間がおるであろう。
真似をしてもうまくいかんであろう。
神は見えぬところで力を出すぞ。

日本の言葉

神の民の言葉は、神を称えるものと思え。
光の霊的存在を称えるものと思え。
人を褒めるものと思え。

神の民の言葉は言霊。
言霊は力がある。
神の民の言葉の力で、神の代を作るのぞ。
それは、そなたたちの使う言葉からぞ。

今の人々は、言霊を失っておる。
外国の言葉で、神の民の言葉を貶めておる。
日本の言葉に、たくさんの外国の言葉を入れてはならん。
間違った言葉を使ってはならん。
悪き言葉を言ってはならん。
悪き言葉を頭にめぐらしてもならん。

悪き言葉は、悪きことを生む。
良き言葉は、良きことを生む。
良き言葉に気持ちをのせよ。
この国の言葉は、良き事のために神が与えたのじゃ。
それが言霊じゃ。
忘れるな。
喋るぐらいなら、黙っておれ。

祝詞（のりと）

この神示を読んで喜びを感じたら、人に知らせよ。

されど、無理には聞かせるな。
わたくしは、信者を集めて喜ぶような神ではない。
世界中の民みな信者ぞ。
だから教会のように人集めをするな。
世界中大洗濯する神であるから、
小さいことを思っていると、わけが分からんことになるぞ。

ひふみ祝詞は、神の息に合わせて宣(の)れよと申した。
されど、できておる者が少ない。
祝詞を宣って、身魂がきれいになったと勘違いしている者が多い。
宣るからきれいになるのではなく、
きれいにして宣るのじゃ。
心が先じゃ。
宣り上げるばかりするな。
中途半端に祝詞を宣るより身魂を磨け。
それが先じゃ。

仕組みとお役

今度の戦は「神と悪魔」「霊と肉」「御魂がある人間とない人間」の大戦。
神様にも分からん仕組みを、
世の元の神であるクニトコタチ神*がなされておる。
下の神々様には分からんことぞ。

これからも何が何だか誰も分からんようになって、
何もかも丸潰れということになる。
そのとき、大神の御言によって、
わたくしたちが、神徳を出すのだぞ。

九分九厘だめだという土壇場で、
神の力がどんなにすごいものかと分からせるぞ。
悪の神も改心せねばならんように仕組みてある。

神の国は、神の力で世界の親国になる。
やまとの民と外の国の民は、
心の中に神の遺伝子があるかないかの違いぞ。

*クニトコタチ神：穂乃子さんの中にいる神様で、一柱でもある神様。しかし、働きが違うそうです。大峠のために現れている神の十柱の内の一柱。

わたくしの神示を書くお役、神示を写すお役、神示を説いて聞かすお役が要る。
お役のある人は、
人の後について掃除するだけの心掛けがないと務まらんぞ。
偉そうにしたら、すぐ替え身魂使うぞ。

一二三から三四五へ

この神示は、人間ばかりに知らせておるのではない。
神々様にも知らせねばならん。
なかなか大層なことじゃ。

一二三（ひふみ）の仕組みとは、永遠に動かぬ道のこと。
人には見えぬ火と風と水のエネルギーによって、生み出される仕組み。
それは留まることなく循環し、宇宙を進化させる仕組みじゃ。
その仕組みが不変の生きる道となる。

三四五（みよいず）の仕組みとは、目に見える御代が現われる仕組み。

一二三から三四五が生まれる。
常に元となるものは、見えない世界で起こっておる。
見えるものは、すべて結果ぞ。

「御代出づ」とは、
神の御代になるための出来事が、現象界に起こること。
この世を神の国に練り上げる始まりぞ。
身魂を磨いた人間が、
神をまつったら、
神と調和したら、
三四五の御用にかかる。
そのつもりで用意しておいておくれ。

わたくしは、世界中の神も人間も獣も草木もかまわねばならん。
御役はいくらでもあるぞ。
神様は人間と同じ数だけある。
そなたたちそれぞれに神をつけるから、早く身魂を磨いておくれ。
ひとり一人に磨けただけの神をつけよう。

天が晴れた後には、世に残る功績となろう。

この世始まって以来、起こったことのない今度の岩戸開き。
これからがいよいよぞ。
とんだ所にとんだ事が起こるぞ。
それらは、みな神がさせておる。
よく気をつけておれば、先のことも分かるようになる。
太古の神代に返すと申すのは、たとえ話ではない。
太古の神代と申しても取違いするな。
今の人間が思っているような原始の時代ではない。
美しい神代ぞ。

ますます神の力が烈しくなる。
今の世は、人間の思う通りにはなるまい。
逆立ちしているからぞ。
頭で考え、頭で生きているからぞ。
本来は、身魂で生きるのじゃ。
頭はそのために使うのじゃ。

頭に頼るな、身魂に聞け。

世界同時に神の気の国にかかって来る。
一時は潰れたようになり、もうかなわんというところまでになる。
「神はこの世におらんではないか」と人々が申すところまでむごいことになる。

されど、外の国が勝ったように見えるときが来たら、
神の代が近づいたと思えよ。

わたくしの分け御霊（みたま）

わたくしが、神示を書かせているのはひと所であるが、
わたくしの御霊は、いくらでも分けることができる。
そなたたちが、わたくしとつながりたいと望むなら、
わたくしの御霊の場所を神殿として作りまつれよ。
そなたたちひとり一人がまつれ。
その時、わたくしか悪霊かを確かめねばならんぞ。

まつる時は、まず鎮守様に挨拶し、
わたくしの神示をまっすぐ届けられるように、
よくお願いしてからまつれよ。
鎮守様の場所を、その近くのどこでも作ってもよい。
鎮守様は、わたくしの力を弱めるためのお役なれど、
御苦労な神様じゃ。
忘れてはならんぞ。

わたくしには、鳥居も注連（しめ縄）も要らん。
窮屈じゃ。
追々分かって来るであろう。
神の国、近づいたぞ。

やまとの精神

知恵や知識があろうが、金があろうが、どうにもならんことになる。
そうなったら、神を頼るより外に手はなくなる。
されど、そうなってから助けを求めても間に合わん。

イシヤの仕組みに操られておるのに、まだ目覚めん人間ばかり。
日本の精神と申しておるが、
仏教の精神、基督教の精神ばかりではないか。
立ち止まってよく思い起こしてみよ。
そなたたちが大事に思っておるのは、どこからかの借り物の考えじゃ。
やまとの精神はどこへ行ったのじゃ。

今度は、神があるかないかをハッキリとさせるとき。
神の力を見せて、イシヤも改心させるときぞ。
神の国のお土に悪を渡らすことはならんが、
すでに悪の神は渡って来ておる。
それは、やまとの精神を壊す仕組みとなって、
そなたたちを蝕んでおるぞ。

働いている者たちを見よ。
誇りを持っておるか。
喜びを持っておるか。

上の者を見よ。
下の者を大切にしておるか。
年寄りを見よ。
人生の学びを伝えておるか。
敬われておるか。
親を見よ。
子どもを慈しんでおるか。
子どもたちを見よ。
喜びと好奇心に満ちておるか。

教育を見よ、食を見よ、医を見よ。
すべて、やまとの精神を壊すものばかりではないか。
心も身体も病んでおる者が、ますます増えるぞ。
自ら死ぬ者、もっと増えるぞ。

地獄の世になっておるのに、
壊されているのも分からず、得意になっておる者たくさんじゃ。

幻影から目覚めよ。

日本は神の国だと口先ばかりで申しておるが、心の内は幽界人がたくさんおるであろう。

曇っておることが分からんか。

これまでに申しても疑う者たちがおるが、
嘘なら、こんなにくどくは申さん。

みながお役

この道は、神の道であり、人の道である。
この道のお役の者は、神が命ずることもあるが、
自らが御用すれば、自然とお役になる。
自ら進んでお役になる人は、功名心ではなく肚で分かる。
誰彼の区別はない。
世界中の人間みなが信者。
人間心ではよく分からんのも無理ないなれど、
この事、よく肚に入れておいてくだされよ。

いよいよ神の働きが、現象として現われるぞ。

肚でその意味を受け取り、みなに知らせてやれよ。
神に心を向ければ、
いくらでも神徳を与えて、何事も楽になるぞ。
それはえこひいきではない。
宇宙の動き、神々の意志に乗るということじゃ。
その流れに乗ると、人は楽で楽しくなるのじゃ。

これからの神の力、神の代

それぞれの御霊は上、中、下の三段に分かれておる。
それは、優劣ではない。
それぞれの役目であり、違う働きじゃ。

人の身体もそうであろう。
呼吸や血を司るところ、消化を司るところ、排せつを司るところ、
上中下とそれぞれの役目を持っておろう。
それぞれが助け合い調和せんと、働かんようになっておろう。
神界も同じじゃ。

神の代となったら、
その御霊のお役目通りに生きることになるから、
面白いように事が運ぶようになる。
今でも人々が神心になったら、なんでも思う通りになる。
今の人間は、目先の慾ばかり追っておるから、心が曇って分からんのじゃ。

これからの戦は、神力と学力、科学のとどめの戦。
宇宙の進化を促す神の力と、
人間の頭で進んだ科学との最後の戦いぞ。
神の力が、九分九厘まで負けたようになった時、
誠の神の力を出して、グレンと引っ繰り返し、神の代にするのじゃ。
神国のてんし様*が、世界丸めて治める代となる。

天地神々様にお目にかけるぞ。
世界を治める王の光が、世界の隅々まで行き渡る仕組み、
三四五（みよいず）の仕組みぞ。
岩戸開きぞ。

＊てんし様：神と和合した人間のこと。P24の「一人の王」とは、この「てんし様」のこと。

いくら学がある、科学が発達しておると申しても、
百日間、雨降らすことは出来まい。
百日と申しても、神の目からは瞬きぞ。

御魂と身体

御魂ばかりでもならんし、頭や身体ばかりでもならん。
身体の中心に神の御霊があるのが、誠の神の民の姿。
元の神国の民は、
神の心を中心に据えた肉体を持っておったが、
御魂が神国と切れ、頭脳と肉体が、外の国で栄えて、
どちらも半身となってしまった。
よく考えてみれば分かるであろう。
御魂も半身、身体も半身、
御魂と身体とを合わせて、まことの神の代に致せるのじゃ。
今の戦は、御霊と知識・学問との戦。
科学の進化は生活を便利にしたが、

人々を幸福にしたのではない。
幸福になるのは神との調和ぞ。
神の教えぞ。
心の進化ぞ。
神の最後の仕組みと申すのは、知識・学問に御霊を入れること。
それが神を入れることじゃ。

神のない科学で世界は穢れる。
科学のない御魂では、現実界の繁栄はない。
知識・学問も半分、御魂も半分。
どちらもこのままでは立ち行かん。
神と調和した科学の発達が、新しい御代の科学。
神の心を入れた科学が生まれるぞ。
よく心に刻んでおいてくれよ。

気をつけること、気づくこと

八のつく日に気をつけよ。

段々近づいたから、辛酉はよき日、よき年ぞ。
神にとっては、神の代に近づく良き日、良き年、
人間にとっては辛い日、辛い年じゃ。

徐々に現象として現われておろう。
桜が早く咲くようになったら気をつけよ。
春じゃ、春じゃと申して、暢気に騒いでおる場合ではないぞ。

輪廻転生から学ぶ

人は何度も生まれ変わる。
数々の人生で、親となり子となり、夫婦となり、兄弟や同胞となって
生まれては死んでゆく。
それぞれの人生で、それぞれの御用をしておる。
人間同士も、世界の民も、みな同胞と申すのはたとえではない。
今の敵も前は友であり、親であり、師であったであろう。
今の友も、過去の人生では敵であったであろう。

何千回も生きておれば、
すべて世界の人間は、神と血がつながっている誠の同胞。
されど同胞同士の喧嘩も時によりけりぞ。
あまり分からぬと神も堪忍袋の緒が切れるぞ。

この道を信じる者がやって来るのを待つばかりではならん。
一人が七人の人に知らせよ。
その七人が済んだら、次の御用がある。

一度聞いたら十を知る人間でないと、御用は務まらん。
十を知る者は、身魂磨きができているから分かるのじゃ。
神がすでにその者と調和しておるから分かるのじゃ。
自分がそうじゃと思う者は慢心ぞ。
我があれば、自分の声を神の声じゃと勘違いする。

因縁の身魂は、どんなに苦しくても、勇んで出来る世の元からの道ぞ。
七人に知らせたら、お役ぞ。

知らせるばかりで、頭にしか入らん者もたくさんおる。
分かったつもりでおるが、
我に振り回されていることに気づかん者たちじゃ。

道とは知識ではない。
生き方ぞ。
日々の暮らしぞ。
分かって変わるのが本ものじゃ。
自らそれを行い、しっかり伝えよ。
お役の者は、神のじきじきの使いぞ、神柱ぞ。

男と女の肉体と魂

肉体が男なら魂は女。
男は内なる女を育むのじゃ。
肉体が女なら魂は男。
女は内なる男を育むのじゃ。

今は幼稚な男や女、女のような男、男のような女、
男っぽさだけの男、女っぽさだけの女、
みな未熟なまま年を取っておる。
そして、相手にばかり求めておるではないか。

男は自分の内なる女に似た女に惹かれる。
女も同じ。
されど、それが心の写し鏡であることを知らぬ。
どちらも相手に求めてばかりおるぞ。
求めておるものが得られなければ、
あの手この手で言うことを聞かせようとし、文句を言うたりしておる。

そなたの相手への不満は、そなた自身への不満ぞ。
相手のそなたへの不満は、相手自身への不満ぞ。
それを取違えるな。
目を覚ませ。

中心に意識を向け、次に申す思いを自分の中に探してみよ。

男の肉体を持つ者たちよ、
多くの者を理解し、受け入れる器はあるか。
人や自分を慈しむことができるか。
愛をもって育てることができるか。
人を許すことが出来るか。
美しいものに感動することができるか。

女の肉体を持つ者たちよ、
深い考えや洞察力を磨いておるか。
理性をもって判断しておるか。
勇気はあるか。
我を断ち切ることができるか。

これらが弱々しくとも自分の中に在ると分かるであろう。
それを成長させるのじゃ。

男よ、内なる女を愛せ。

女よ、内なる男を愛せ。
そして、永遠の合一をせよ。
そこに喜び生まれるぞ。

人間の表と裏のつくり、よく意識せよ。

この道を盗みに来る悪魔がおるから伝えておく。
悪魔とは、身魂磨きを邪魔する仕組みやささやく声じゃ。
外からの誘惑に耳を傾けるのではないぞ。
内からの邪霊のささやきを信じるのではないぞ。

気をつけよ。

富士の巻

三四五から五六七へ

神界の仕組みである一二三の仕組みが済んだら、
地上界の仕組みである三四五の仕組みぞと申してあった。
世の元の仕組みは、三四五の仕組みから五六七（みろく）の仕組み、
神と人間が一体となった仕組みぞ。
五六七の仕組みは、弥勒の仕組み。
それは、やまとの民の身魂に神が宿ることにより、
弥勒が作ったような代になるということじゃ。

動物も同じ。
動物界は、人間界の鏡ぞ。
五六七の世となれば、トラと羊が共に眠るぞ。

これから獣のような人間と、身魂を磨いた人間とがハッキリ区別され、
それぞれの本来の力を出すときが来る。
見えない境界線ができるのじゃ。

今度は、永遠に変わらぬ仕組みとなる。
今度お役が決まったら、そのままいつまでも続くぞ。
人間たちよ、よく心してくれよ。

三千世界の仕組み

神界は七つに分かれておる。
天つ国三つ、地の国三つ、
その間にひとつ天国で、上中下の三段、合わせて七つ。

地の国も上中下の三段、中界を入れて七つぞ。
その一つひとつが、また七つに分かれておる。
そのひとつが、また七つずつに分かれておるぞ。
身魂が磨けた者から上へと上がるのじゃ。

今の世は、地の国、地獄の二段目、まだ一段下があるぞ。
大峠で一度はそこまで下がるのじゃ。
今ひと苦労あると申しておるのは、底まで落ちるからぞ。
地獄の三段目まで落ちたら、そこは人間の住めぬ所。
悪魔と神ばかりの世ぞ。
地の国の悪と、地の国の神との戦いの世界。
とても人間は住めん。

その世界は、その世界の仕組みで、
それぞれが学び、御魂を磨くための世界じゃ。
その世界に住む人間は、悪と神の支配下で、
恐れとあきらめと戦いの中で、おびえながら生きておる。
人間には自由のない世界じゃ。

この世は、人間に任せておるのだから、
人間の心次第ぞ。
されど今のような腐った人間ではだめじゃ。

いつも神懸かっている人間になるのだぞ。

神懸かっていると勘違いし、
神懸かっているように振る舞う者もおるが、偽りじゃ。
心の奥ではそれが分かっておろう。
神懸かっておるとは、
腹の底にシックリと神が鎮まっていることぞ。
それが本来の人間の誠の姿。
われを無くすことではない。

いよいよ地獄の三段目に入るから、覚悟しておいておくれ。
それが次の天国に通じる道となるからじゃ。
御魂のない人間は、この世界に残ることになる。
この世界での転生をまた繰り返す。
このままでは、多くの人間がこの世界に残ることになるであろう。

大峠になると、
神の誠の姿と悪の真の姿が、はっきりと分かるようになる。

神と獣と分けると申してあるのは、このことぞ。

悪の仕組み

すでに神々様みなお揃いなされておる。
雨の神、風の神、地震の神、岩の神、荒れの神、
五柱、七柱、八柱、十柱の神々様が
ひとつにお心を合わせられて、
今度の仕組みの御役も決まっておる。
それぞれに働きなされることになっておる。
これから一日一日烈しくなるぞ。

人間たちよ、心得ておいておくれ。
物を持たぬ者は、持つ者より強い。
執着がないからじゃ。

今は泥棒が多くなれば、泥棒が正しいと言う世じゃ。
数の多さに従うのが、御魂のない人間の本性。

今は泥棒ばかりではないか。
それが悪の仕組みであるぞ。
境を作って、自分の土地じゃと言い張る者たち、
自分の国のものじゃと言い張る者たち、
何でも金を積んで、
自分のものになったと思い込んでおる者たちじゃ。

「金で買ったから良いではないか」と理屈を申すが、
この世に人間のものなどひとつもない。
身体もお土から作られたのだぞ。
空気も、水も、お土も、自分のものではないであろうが。

「自分のものにするな」と申しておるのではない。
神から、大自然からいただいたのじゃと理解し、感謝せよと申しておるのじゃ。
所有慾が争いの根源。
我(われ)よし、我(われ)正しが、争いの根源ぞ。
理屈は悪魔じゃと伝えてあろうが。

神々様ひどくお怒りぞ。
人間の食い物は、足りるように作らせてあろう。
物も足りるように与えてあろう。
足らぬと申しているが、足らぬことはない。
足らぬのは、やり方が悪いのじゃ。
本来人間は、生きるために食わねばならぬ。
されど、食うために心を殺しておるではないか。

金をもうけるために、命を粗末にしておる。
食うために、働かねばならんという理屈がまかり通り、
人間本来の身魂を大事にできん世じゃ。
すべて、おかしな仕組みから起こった病。
数の力で作った人間社会の病ぞ。
悪の仕組みぞ。

それぞれの神様に和すれば、それぞれの事は何でもかなう。
神と和合せずに、人間の学や智恵が何になろう。
底が知れておるではないか。

お水に泣くことあるぞ。
神様がお怒りになれば、人間は日干しぞ。

大峠を迎えた人間

いよいよとなったら、地震、雷ばかりでない。
人々みな、頭が真っ白になり、
「これはなんとした事ぞ」と口を開けたまま、どうする事も出来んようになる。
四つん這いになって、着る物も無く、獣となって、身動きできん者、
自ら死を選ぶ者と二つにはっきり分かれる。

獣のような我(われ)よしの者は、獣の本性を隠しておったが、
いよいよ現われるのじゃ。

火と水の災難がどんなに恐ろしいか、
今度は、大なり小なり知らせねばならん。
一時は、天も地もひとつに混ぜこぜにするのだから、人は生きてはおれん。

それが済んでから、
身魂磨けた人間だけを、神が拾い上げて、弥勒の世の民とする。

この大峠で生き残るのは、身魂の磨けた者ばかり。
神が勝手に選ぶのではない。
身魂を磨いたら、波動が変わるのぞ。
その波動が、出来事を引き寄せるのぞ。

どこへ逃げても、逃げる所は御座らん。
地下に逃げ場所を作っている者たちもおるが、役に立たんぞ。
高い所から水が流れるように、時に従ってくれよ。
身をゆだねる気持ちになってくだされよ。

いざという時には、神が知らせて、
一時は天界へ吊り上げる人間もおるであろう。
人間の戦や獣の喧嘩ぐらいでは、この世の掃除など何もできん。

わたくしは世界の神

世界中の人間はみな、わたくしの民。
可愛い子には、旅をさせねばならん。
そなたたちは、どんな事があっても神の子だから、疑わぬようになされよ。
神を疑うと気の毒が出るぞ。

わたくしの神示は、日本人にだけ言っておるのではないと申した。
やまとの御魂を持っている人間なら、神示を読んで肚に落ちるであろう。
自分も心の奥では求めておったと思い出すであろう。

神を疑うということは、宇宙の法則を疑うことじゃ。
神を疑い、宇宙の法則を疑い、自分勝手な判断をしておると、
今に気の毒が広がるぞ。
この神示、日本人に伝えておるのは、
やまとの民の務めがあるからじゃ。

わたくしは、世界の神じゃ。
日本に住むやまとの身魂を持った者たちよ、

日本にやってきたやまとの種を持つ者たちよ、
外国に住むやまとの種を持つ者たちよ、
目覚めておくれ。
思い出しておくれ。
心の中にある誠に気づいておくれ。
そなたたちが望む世が、
本当はどのようなものか、分かっておるであろう。

いよいよとなれば、
どこの国の人間でもお役ができる人に変える。
大宇宙の掟通りに動いていくのだから、容赦はできん。
大難を小難にまつり変えたいと思えども、今のやり方はまるで逆さま。
逆さまな者ばかりじゃ。

魂を磨かず、頭ばかり磨いておる者、
御魂のない科学という学問ばかりを頼っておる者ばかりではないか。
神ではなく、上の人にばかり頼っておるではないか。
これが逆さまということじゃ。

御魂ぞ、自分ぞ。

これまで世界を動かしている外の国の人間は、わたくしを利用しようとしておった。
いろいろな名で女神の像を作り、表向きはそれなりの理由を申しておったが、
本当の目的はわたくしの力。

大事なのは、このことを多くの人間が知ることじゃ。
するとその場所に住む人々に、良い気が流れるようになる。
神の国の民よ、
世界に申し訳ないぞ。お役目を忘れておるぞ。

わたくしは世界の神。
裸になった人から、すぐに善の方に廻してやろう。
我で作った仮面を脱ぎ去り、裸になれよ。
それでも裸にならんのなら、なるようにしてみせるぞ。

すべてをてんし様に捧げよというのは、やまとの民ばかりでない。
世界中の民もみな、てんし様に捧げねばならん。

世界中の人間が捧げることで、
大宇宙の理と調和し、目覚めていくのじゃ。

この巻は、富士の巻、富士の巻は不二の巻。

人間心の天地、善悪、二つに分けて考えるではない。
二つにあらず、ひとつである。
ひとつの大宇宙、大自然の理であるぞ。

天つ巻

天から降る人、天へ昇る人

「嵐の中の捨て小舟」と申しておったが、
今その通りとなっておろう。
どうすることも出来まい。
船頭殿、苦しい時の神頼みでもよいぞ。
心に神をまつっておくれ。
神の心地よい場を、そなたの中に作っておくれ。
そなたが我(が)から離れた時に、神は鎮まれる。
それがまつるということじゃ。
神はそれを待っておるぞ。

光が現われるぞ。

光が現われると、道がはっきりと分かってくる。
我を手放したときに見えないものが見え、
分からなかったことが分かってくる。
わたくしにだまされたと思って、言う通りにしてごらんなされ。
自分でもビックリするようにうまく事が運ぶであろう。

富士の御山に腰かけて、
わたくしは世界中を守る。
辛酉の日は、結構な日と申してあるが、
結構な日とは、恐い日でもある。
自ら命を絶つ者もいれば、
死にゆく者も増えるであろう。
波動が下がり、神とのつながりが切れる者が増えるであろう。
昇り降りで忙しくなるぞ。

五十九柱の人に、お役を願うときが近づいた。
奥山に紅葉があるうちにと思えども
いつまでも紅葉はないぞ。

そのうちにと思っていてはならんぞ。

尊ぶ

遠くて近いは男女だけではない。
神と人、天と地、親と子、食べる物も遠くて近い。
されど、分けて考えてはならぬ。
すべてがつながり、すべてが影響し合っておる。

神を粗末にすれば、神に泣くぞ。
土を尊べば、土が救ってくれるぞ。
尊ぶことを今の人間は忘れておる。
神ばかり尊んでもならん。
何もかも尊ぶのじゃ。
そうすれば、すべてが味方ぞ。
敵を尊べば、敵が敵でなくなる。
いつまでも敵だと思えば、

勝っても負けても同じことの繰り返し、
堂々巡りの人生よ。

それを望んではおらんであろう。
そのために生まれてきたのではなかろう。
曇った目で見ておるから、敵にしか見えん。
過去に曇った目を、未だに持っておるから変わらん。

すべては動いておる。
すべては変化しておる。
すべては進化しておる。
それは人も同じこと。
人間がなかなか進化せんのは、曇ったまま、何世も生きておるからぞ。
曇りを取れば、敵という幻想から目覚めるのじゃ。
目覚めれば、敵ではなくなるぞ。
この道理、分かったか。

人間には、神と同じ御魂を授けてあるのだから、磨けば神になる。
進化の方向は神ぞ。
天つ巻、曇りを取れば天晴れる。

地つ巻

地の気が渦を巻き大渦となり、すべてを巻き込みみじんにする。
地つ巻であるぞ。

混乱の世

今は、闇の世から明けつつある。
されど夜が明けたことを分かっておらん。
いよいよ夜が明けたら、「なるほどそうであったか」とビックリするであろうが、
それでは間に合わん。

神の船は出るぞ。
それまでに考えを変えておいてくだされよ。

この道を信じれば、すぐ良くなると思っている人もおるなれど、
それはそなたの心のままぞ。
道に外れた者は、誰彼なく苦しむ。
これまでのやり方をすっかりと変えねば、世は治まらんと申しておろう。

人の上に立つ者は、苦しくなるぞ。
途中の者も、苦しくなるぞ。
誰もが上の言うことを聞かん世になるぞ。
すべてまぜこぜの状態となる。
今の社会を動かしている元が壊れるのじゃ。

お金も役に立たん。
学も役に立たん。
通信も役に立たん。
水にも電気にも困るぞ。
何が起こったのか、どうしたらよいのか分からず、
道に迷う者ばかりとなる。
誰を信じてよいか分からぬ人間ばかりであるから、

争いや取り合いも増えるであろう。
お上が取り締まろうにも、らちが明かん。
お上もそれどころではなくなるであろう。
心しておれ。

死

神と調和する者には、生も死もない。
死んだと申しても、魂は生きておる。
死ぬと、なきがらを残し、周囲の人間は、なきがらに別れを惜しんでおる。

されど昔は、残さず天に帰ったのじゃ。
身体さえも残さずに逝ったのであるぞ。
逝く時期も分かっていた。
葬式も墓石も要らんかった。
周りの者は、感謝を込めて見送った。
そこには、悲しみや別れを惜しむ気持ちより、
感謝と喜びで満ちておったのじゃ。

誰も死を恐れてはおらんかった。
病で死ぬ者もおらんかった。
それがまことの神国の民であった。

世の元は、天も地も泥の海。
この世が始まってから、生き通しの神々様の御働きで、
いよいよ、五六七の世が来る。
身魂を磨き、肚が座っておる人間に神が鎮座なさる。
高天腹ぞ。

日本創造の神、カムロギ神、カムロミの命を忘れるではない。
海をみな船で埋めて、守りを固めねばならんぞと申した。
それは、外国のものを取り入れて、
苦しまんようにしてくれよという意味であった。
海にめぐらせてある神の国、
清めに清めておいた神の国に、
星々の国の悪が渡って来てしまった。

神は残念じゃ。
見ておざれ、神の力を現わす時ぞ。

借銭

祓いせよと申してあるのは、何もかも借銭なしにするためじゃ。
借銭なしとは、メグリをなくすこと。
カルマをなくすことぞ。
昔からの借銭は、誰にでもある。
それを祓ってしまうまでは、誰もが苦しむ。
似たような苦しいことが何度も起こる者、
何かを成そうとしてもうまくいかぬ者、
すべて借銭があるからじゃ。

人ばかりではない。
家には家の借銭、国には国の借銭がある。
借銭があるから、うまくいかん。
この度は、世界中を借銭なしにせねばならん。

これからの世界中の戦は、世界の借銭なしにすることぞ。
世界の大祓いぞ。

宣(の)る

今の神主が、祓い祝詞をあげても何にもならん。
祓い祝詞は、宣るのだぞ。
今の神主は、宣っておらん。
口先ばかりじゃ。
祝詞も抜けておる。
あはなち、しきまき、国つ罪を、みな抜かして読んでおるではないか。

祝詞の内容が、心に汚く映り、嫌な気持ちになる人間が多いからであろう。
それは、その者の心の鏡が曇っておるからぞ。
自身の中にあるゴモクが刺激されて、嫌な気になるのじゃ。
偏見があるからぞ。
斜めから見ているからぞ。

悪や学にだまされて、肝心の祝詞まで骨抜きにしておる。
悪を悪と分からず、悪にまみれやすい学を信じておる。
悪とは、大切な祝詞を手前勝手な解釈をして除いてしまったことじゃ。
形式だけの神主、
そろばん勘定をする神主、
鼻高な神主、
上を恐れる神主、
その者たちの祝詞には力がない。
これでは世界は清まらん。

祝詞は読むものではない。
神前で読めば、それで良いと思ってはならん。
宣るのだぞ。
祈るのだぞ。
成り切るのだぞ。
融け切るのだぞ。

神主ばかりではない。

みな、心得ておけよ。
神のことは神主に、仏は坊主にと分けて考えておることが、根本の大間違い。
みなも気持ちをひとつにして、
溶け切るのだぞ、祈るのだぞ。

時の神

すべては新しく、その日その日に生まれ来る。
毎日が新しい日。
日を決めて、神殿を守りなされ。
そなた自身にある神殿ぞ。
そなたの心と身体が神殿ぞ。
その神殿に神が宿る。
神殿は聖なる場所。
神殿を守るためには各月の日を決めて、そなた自身を振り返り、
エゴで穢れておらんか確かめなされ。

時の神様ほど恐い神様はおられん。

時節の神様、時代の神様ぞ。
時の神様は、何があっても待たれん。
放たれた矢を止めることはできん。
そなたたちが、その日その日を新しく始まる日として、
毎月の神殿守りを習慣にすることで、時の神様とのご縁ができる。

いい加減にして、
昨日と同じような気持ちで、日を送ってはならん。
朝になれば、すべてが新しいのじゃ。
太陽も木々も草花も、刻々と新しく変化しておろう。
人間も同じ。

それに気づきなされ、感じなされよ。
頭で分かることと、感じることは全く違うぞ。
感じられんようになったら、災難が及ぶぞ。
そなたも日々、新しいそなたじゃ。
形だけつくろってもならん。
日々、心を込めよ。

それを習慣とせよ。
わたくしとて、時の神にはかなわんことがあるのだぞ。

何事も焦らず、時を大切にしておくれ。
炒り豆にも花咲くような奇跡が起こるぞ。
この世では時の神様、
時節を忘れてはならん。

「時は神なり」ぞ。
神殿はそなたぞ。
時節を、季節を大切にして暮らせよ。

旧暦の新年を祝えよ。
ただし、食べ物、着る物、形式にこだわるな。
気持ちを新たにすることが大切じゃ。
彼岸の日は、陰陽転ずるのだと意識を向けよ。
何事もその時節が来るのじゃ。
時過ぎて、種を蒔いても役に立たん。

身魂を清める種を蒔くのは今じゃ。

びっくり箱

天地には天地の、国には国のびっくり箱を開くぞ。
びっくり箱を開けたら、
人々は、それぞれの思いがどのように違っているかが分かるであろう。
どんな者が、どんな災難を受けたか、
どんな者が助けられたか、
思いによって、災難の受け方が違うのじゃ。
波動じゃ。

早く洗濯した人から分かる。
びっくり箱はもう開いた。
後には戻れん。
これからますます分かるようになるであろう。

神の規則通りに何もかもせねばならん。

神の規則は、日本も中国もインドもアメリカもイギリスもロシアもない。
ひとつにして、規則通りに進むのじゃ。
今に、敵か味方か分からんようになってくる。
国同士も人々もみな、混乱して、誰が味方か分からんようになる。
敵じゃ味方じゃと申しておらずに、身魂を磨けよ。

学の世は、もう終わった。
日に日に神力が現われる。
一息入れる間もないであろう。
どんどん事を運ぶから、遅れんように、
取違いせんように、
慌てぬようにしてくれよ。

心配なさる神々様、
仕組みは流々、仕上げを見てくだされよ。
遅し早しはあるなれど、神の申したこと一厘も違わんぞ。

富士は晴れたり、日本晴れ

神は急(せ)けるぞ。

神は急(せ)けるぞ

天地一度に変わると申した事が近づいた。
江戸の仕組みは終わった。
尾張の仕組みも終わった。
このことはそのうち分かる。
その前に仕組む所あったなれど、
それもお役目の人に知らせたが、
「ああだ、こうだ」と学と頭で見当違いのことばかり申して、
人々には何も伝えておらんではないか。
息吹きで払って、頭が働かんようにするぞ。
言葉無くすぞ。
宝の持ち腐れにしてくれるなよ。
物が言われん時が来る。
上の人は辛くなる、頑張ってくれよ。

日月の巻

三千年　三千世界乱れたる　罪や穢れを身において
この世の裏に隠れしまま　この世構いし大神の
みこと畏みこの度の　岩戸開きの御用する
身魂はどれも生き変わり　死に変わりして練りに練り
鍛えに鍛えし神国の　誠の身魂天駈けり　国駈けります元の種
昔の元の御種ぞ
今落ちぶれているとても　やがては神の御民とし
天地駈けり神国の　救いの神と現われる
時近づきぬ御民等よ
今一苦労二苦労、とことん苦しきことあれど
堪え忍びてぞ次の世の

まこと神代の礎と　磨きてくれよ神身魂
いやさかつきに栄えなむ、みたまさちはえましまさむ

悪の仮面

足もとに気づけよ。
悪は善の仮面を被ってやって来たぞ。
入れん所へ、悪が化けて入って、神の国を混乱させておるぞ。
入れんところとは、どこか分かるか。
宗教、政治、経済、教育、医療、
すべて、悪が善の仮面を被って、悪の仕組みを作ったのぞ。

人々の心も同様。
百人千人万人の人が「善い」と申しても、悪が隠れているのじゃ。
「善い」と言うのが一人であっても、神の心に添うこともある。
数で決めるな、数に従うな。
己の心に問うてみよ。
己の意識を中心において、問うてみよ。

神に問うてみよ。

神々様、拝めよ。
神々様を拝めば、御光が出る。
何もかも、そこから生まれる。
お土、拝めよ。
お土から何もかも生まれる。
この世のものは、すべてお土からできているではないか。

人を拝めよ。
人はみな、神の器であるぞ。
草木を拝めよ。
草木も神であるぞ。
上に立つ器のある者を拝めよ。
器のある者を見定めよ。

仕組みはできた

今までの事はみな「型」であった。
江戸の仕組みも、お山も、甲斐の仕組みも、みな「型」であった。
鳴門と渦海（うずみ）の仕組みもできた。
尾張の仕組みもできた。
神々が、その仕組みをすべて作ったぞ。
あとはそれを知る人間が増えることじゃ。

いよいよ、末代続く誠の世直しの御用にかからすのであるが、
型に入れる人間の中身がなっておらん。
人間は神の入れ物であるが、まだ汚物が入っておる。

江戸とは東京のことだけではない。
人の多く集まる場所を申しておるのじゃ。
本来、多く集まると、人々の活き活きとした気が入るものじゃ。
今、都会に住む人々が、
どのような気を発しておるか、想像してごらんなされ。
目に見えたら、どんなに汚れておるか見当つくであろう。

お山もどこも汚れておる。
お山は、神々のエネルギーを入れるところ。
それを誰でも彼でも好き勝手に入って、汚しておると申した。
人が近づいてはならん場所もたくさんある。

富士の山が、穢れておるぞ。
鳴門は、日本のよくない気を吸い込んで調和させる場。
その力が弱くなってきておるぞ。
尾張は、人間が出した要らんエネルギーを天に吸い上げる所。
身魂が磨けた人間のお役目は、
それらを理解し、そのお働きを神に感謝することぞ。

仕組みはできた、型はできた。
あとはその中に光を入れるのが人間の務め。
これを伝えてくれよ。
改心するように伝えてくれよ。

雨降るぞ。

やまとの魂

世界中総がかりで攻めて来る。
日本をつぶしに来る。
戦だけではないぞ。
すべての領域で、日本人の身魂をつぶしに来る。
暢気にしていられんようになるぞ。

されど、恐れや焦りは禁物じゃ。
恐れは、神とのつながりを断つ感情。
ますます気の毒が出て、獣のようになる。

一度はあるにあられんようになる。
経済大国だからとて、
他の国との同盟があるからとて油断出来ん。
富士の山が動くまでには、どんな事も堪えねばならん。

兆しがあるぞ。

日本を動かしておる上の人々よ、辛いであろう。
どんな事があっても、死に急ぐではないぞ。

今の大和魂と申しておるものと、神の魂とは違う。
誠のやまとの魂をもっているなら、
大局を見ることができる。
私利私欲では動かん。
節理を大切にするぞ。
争いを解決の手立てにはせんぞ。
高潔であり、調和できるぞ。
自分のお役目を悟っておるぞ。

静かなひとりの時間を持ち、
目を閉じて、そのような自分であると想像してみよ。
それだけで、良い気は流れ始めるぞ。

その時、その所によって、柔軟に変化するのが神の御霊。
人の言うこと、上の人の言うことに馬鹿正直ではならん。
今日ある生命が勇む時、来たぞ。

ふんどし締めよ

大峠の後、アジアの国々やユツタ*の民たちと手を握り合う。
神国の光り輝く時が来るぞ。
そのつもりでおりなされ。
まさに今、みな喜びて、三千年の神の御業の時が来た。
今はまだ神国、やまと国のまこと危うきときであるぞ。
ニセの豊かさと平和の時代じゃ。

ある日の夜半に嵐がどっと吹くぞ。
どうすることもできず、手足縛られ、縄付けて、
突然の大峠とともに、神の御子等が連れ去られた後には、
老人や障害のある者、女、子どもが残る。
それは、執着の少ない者、愛ある者、無垢な者、

*ユツタ：ユダヤのこと。「もともとはユツタと呼ばれておった。ユダヤにすると、すでにその言葉にいろいろな意味が付いているので、使いたくなかったのじゃ。」

自身の限界を知っている者、抗わない者というたとえじゃ。

神の御子たる人々はことごとく、
壊滅状態の場所で、暗く臭い場所で、暮らさねばならんとき来るぞ。
宮は潰され、大事なものはことごとく火にかけられて灰となる。
この世の終わり近づいた。
もう戻れない出掛けた船。

ふんどし締めよ。

日の出の巻

通基の世

次の代とは、通基（つき）の代、
本来のエネルギーが、地球に通い始める代。
ヒツキの月の代ぞ。
本来のエネルギーに沿った生き方が始まるのじゃ。
智や学があっては邪魔になる。
されど、無くてもならん難しい仕組み。

今までの智や学は過去のもの。
されど、必要なものもある。
それを見極めよ。
要らぬ智や学は人の理屈、

これまでの社会の愛のない理屈ぞ。
智や学は頭を満たし、心や御魂が発する言葉を邪魔する。
御魂が主、智や学は従。
どちらもなくてはならんが、主従取違いしてはならん。

神は頭に宿るのではない。
身魂に宿る。
身魂の言葉を受け取れるようにしておらんと、正しい方へは進めんぞ。

月の神様をまつっておくれ。
それは、本来の地球のエネルギーを通す神が、御働きになるのだと意識することじゃ。

スサナルの神様*まつっておくれ。
人間の罪を負いておわします静かにて強きスサナルの神様に意識を向けておくれ。
今に分かることぞ。
一日の終わりに、
この神々のことを心に入れ、手を合わせてくれよ。

*スサナルの神様：スサノオミコトのこと。

十柱の神々様、揃われた。
神々様をまつってくれよ。
ヒツキの大神様方と言って、心に留めてくれよ。
心配してはならん。
外を見るから不安になる。
自分の内に意識を向けて、掃除しておくれ。

神とともに大峠を迎えるぞ。
それを信じよ。
心を清めよ。
神々に心を開けよ。
日々、感謝せよ。
何ごともこだわるな。
さすれば、心は静かに落ち着く。
中心に戻れよ。
周辺はエゴの渦ぞ。
巻き込まれるな。

身魂磨きをするために、この神示を智とせよ。
我(われ)よしのエゴと、外の世界への意識から離れよ。
良かれと思って、いろいろなことをするな。

身魂磨きが八分、活動は二分ぞ。

結びの神様

自分の考えで、右に行こうとする者と、
左に行こうとする者とを結ぶのが「結び」の神様。
「結び」の神様とは、スサナルの大神様ぞ。
スサナルの大神様は、祓い清めと結びのお役をされておられる。
その御働きで、人間はお互いを理解しようとする心が生まれるぞ。
その御働きによって、生きとし生けるものの生命が現われるのだぞ。
力が生れるのだぞ。
「結び」がまつりじゃ。
神国のまつりであるぞ。

理であるぞ。
神はその全き姿。

男の魂は女、女の魂は男と知らせてあろう。
それらを結ぶのも、スサナルの大神様の御働きぞ。
それを結ぶことで、
人として統合され、成長し、調和していけるのじゃ。

火と水

左は火、右は水ぞ。
人の左半身は火、右半身は水ぞ。
火は心、御魂ぞ。
火は放っておいても付かん。
人間の御魂を見ておると、
はかない炎もあれば、大きく輝くばかりの炎もある。
それが身魂磨きの程度として現われておる。
その大きさが神とつながる人間の証ぞ。

水は行い、活動ぞ。
水が流れるように、行はできるのじゃ。
水は無理せんぞ。
火は中心ぞ。
水は渦ぞ。
火の神と水の神ぞ。
それは日の神と月の神。

太古、太陽と地球と月は一体であった。
今は離れているとはいえ、つながりは途絶えてはおらん。
地球が太陽を中心に回っておるからと、
日の神ばかり拝んで、月の神を忘れてはならん。
中心ばかりで渦を、周囲を、行いをおろそかにしてはならんということぞ。

人に直々の恵みをくださるのは、水の神、月の神ぞ。
物質的現世に生きる人間は、お土がないと生きてはいけん。
日の神もおろそかにしてはならん。

水は身を護る神、火は魂を護る神ぞ。

火と水とで組み組みて、人ぞ。
魂と水を組んで、人間ぞ。
身は、水で出来ているぞ。
火の魂を入れてあるのだぞ。

国土も同様。
地球も御魂とお土があるのだぞ。
日本のお土にも魂が宿っているのじゃ。

渦海（うずみ）の御用も大切じゃ。
渦海とは、沼や湖も入る。
流れてきたものが、
そこに溜まって循環し、変換し、また流れていく。

人も同じじゃ。
入ってくるものを、聖なる気に変換するのが人間。

その方法を伝えるぞ。

外からの刺激で湧きおこった我の感情や思いから、
すぐに離れて、中心に戻れ。
中心に戻れると、静かな心になれるから分かるであろう。
そして、周辺に湧いた感情や思いが
だんだん小さくなるのを待て。

小さくなっていくのが分かったら、
それができた自分に愛と感謝を伝えよ。
それが神と和合した自分の力であり、愛であり、
善き循環じゃ。
聖なる気じゃ。

今は、聖なる気に変換できずに、そのまま流しておるではないか。
もっと汚して流しておる者もおる。
流さずに溜めておる者もおる。
溜めると、腐るぞ。

穢れるばかりぞ。
振り返ってみてくれよ。
分かってくれよ。

神殿守れ。神殿掃除しなされよ。

岩戸の巻

善悪なし

わたくしは、この世の悪神としても現われ、閻魔としても現われる。
悪と申しても人間の申す悪ではない。
この世界には、善も悪もないと申した。
すべては宇宙の進化のために要るのじゃ。

審判の時は来ているのに、気づかぬ人間が多い。
宇宙の進化の波に乗れる人間と、乗れない人間がはっきり分かれる。
神が裁くのではない。
宇宙の理じゃ。
人間から見れば、裁きに思えるであろう。
その日その時、裁かれておる。

一瞬ごとに心に湧き起こる考えや感情は、常に記録されておる。

中心に留まれよ。
思考を止めよ。
意味づけを捨てよ。
中心には善悪なし。
心静まる時間は、空の時間。
早く洗濯せよ、掃除せよ。
岩戸はいつでも開くのぞ。
光の御代が来るぞ。
闇の御代来るぞ。
進化にとっては善きこと、
人間にとっては悪と見える御代じゃ。

悪と善と、どちらも生かすのぞ。
どちらも進化には必要なことだと分かっておくれ。
分かった上で行しておくれ。

生かすとは神のイキに合わせること。
神の意識の流れ、宇宙の意識の流れに合わせよ。
人間の身体は宇宙と同じじゃ。

身体の中に宇宙がある。
天に十二の時があるように、身体にも十二の流れがあろう。
天が螺旋の角度を含め三百六十五度であるように、
身体にも三百六十五の関節がある。
下にあるものは上にもある、
内にあるものは外にもある。

この世の仕組みは、どこを見ても学べるのじゃ。
分かり始めた人間が増えているぞ。
全ては天と調和するように出来ておる。

人間の我(が)が、それを狂わす。
狭い見方が、不安を作る。
自分しか見えておらんから、無理をする。

神のイキに合えば、悪は悪ではない。
この道理、よく肚に入れて、神の心を汲み取れよ。
それが洗濯ぞ。
それが智の使い方ぞ。

神憑り（かみがかり）

人間同士の戦や天災ばかりで、
今度の岩戸をひらくと思っていたら大きな間違いじゃ。
戦や天災で解決するような簡単なことではない。
あいた口がふさがらないことになって来るのだから、
早く身魂磨いてくれよ。
恐いものなどないようになっておってくれよ。

肉体の恐さではないぞ。
タマの恐さだぞ。
タマの恐さとは、震え上がるような恐さだぞ。
見たことのないような地獄絵ぞ。

タマの戦やわざわいとは、見当がつかんであろう。
心配するなと申しながら、
怖がらせているように人々は思うなれど、
真実を伝えねばならん。

身魂が磨かれれば、恐れを遠ざけることができるぞ。
中心に戻ることができるぞ。
中心に座し「そら来たか」と思い、慌てぬことじゃ。
それが真理を通した生き方であるぞ。

真通理（まつり）が第一。
自分の勝手な考えではならん。
宇宙の理が第一だということを、分かっておくれ。

神の御言に耳を傾けよ。
神懸かれるようにならねばならん。
神懸かりと申しても、そこらに御座る天狗やキツネや狸憑きではない。

誠の神懸かりであるぞ。
誠の神懸かりは、神殿という磨いた身魂の中に神が鎮まり、
神と人と、ともに生きることぞ。
神と人の意識がまつろい、身体を使って、地上に天国を作ることぞ。

花も種だけでは咲かん。
太陽と雨と風があって、芽が出て花が咲くぞ。
香りが広がるぞ。
実がなるぞ。

人も同じじゃ。
神と調和して、神の御代を作り上げるのじゃ。
人も神の世界が分かるようになる。
神だけでは、地上に天国を作ることはできん。
人だけでも、天国を作ることはできん。
今の世を見れば分かるであろう。
太古の人間は、それをしておった。
そこに帰るのぞ。

中を生きる

右が正しいと言う人や左が正しいと言う人、さまざまじゃ。
そなたの基準で、とがめてはならん。
世界のことは、みな、己の心に映っているだけじゃと申した。
心に映っていることしかできん。
ひとり一人がどちらを選ぼうと、その人間の信じる世界で動いているだけじゃ。
とがめてはならん。
とがめることは、我(われ)よしぞ。
周辺ぞ。分かったたか。

この道は、真中を行く道、中庸じゃ。
左でも右でもない。
優劣でもない。
正しいか間違いかでもない。
両方を受け入れて、両方を理解して中心におることじゃ。
中心におらんと両方は見えん。

同じ距離で、両方を観察するのぞ。
判断は無用じゃ。
判断が出ると偏りとなり、周辺部のエゴに巻き込まれるぞ。

今までのような宗教や教えの集団は潰れる。
神が潰すのではない。
自ら潰れるのじゃ。
この神示、身魂に入れて、マコトの道に生きてくれよ。

わたくしの申すことは天の道ぞ。
地の道ぞ。
人の道ぞ。
それらはすべて宇宙の理であり、ひとつじゃ。

この度の岩戸開きが済んだとて、すぐに良いことばかりはない。
肚の底から余計な考えや枠を外して、
素直に神の申す通りにするのが何より結構なことぞ。

キの巻

肝腎かなめ

神代になるための肝腎かなめのところが違っておる。
上の人は、真実を人々に知らせてはおらん。
自分たちのよいように動かしておる。
下の人は、疑いもせず言いなりになっておる。
その肝腎要の所を元に戻さねばならん。

上の人は、嘘や隠し事なく、
人々とともに国づくりをしていかねばならん。
人間が学や智で行っても、今の世はどうにもならん。
元の先祖の神でないと、ここというときには出来んのじゃ。
神の国の元の因のキのミタマを入れて、練り直さねばできん。

肝腎がひっくり返っておる。
頭と御魂がひっくり返っておるぞ。
頭が主になっておるぞ。
大きい心を持ちなされよ。
我(われ)よしで、身の安泰にとらわれないでくれよ。
世界のことなのじゃ。
世界の御用なのじゃ。
日本が変わることが、世界に影響するのじゃ。

鼻高になるな。
優れておるからではない。
お役目だからじゃと申した。
日本のお役目を果たすことで、世界はお役ができるのじゃ。
世界のお役を日本はできん。
されど、日本がお役を果たさんと世界は動けんぞ。
大きな心でいてくれよ。

これからは、神が化けに化けて心引くことがある。
神がしているのか、悪がしているのか分からんことがある。
そのつもりでいてくれよ。

写し鏡

見苦しき魂には、見苦しきものが映る。
心が曇っていれば、見えるものがすべて曇って見える。
人に勝たねばならんと思えば、人が敵に見える。
見苦しき者に、見苦しき霊が当たる。
それが病の元ぞ。

心が曇った者には、曇った鏡に見合うものがやってくる。
それが続けば、気の毒が溜まり、病となる。
自分が作っておるのじゃ。
それで「早く洗濯じゃ、掃除じゃ」と、申しておるのだぞ。
洗濯は、意識を中心に置けばできるのじゃ。

神の試しもあるぞ。
早くそれに気づくようにと、出来事を起こしているのじゃ。
それに気づかねば、試しはだんだん辛いものとなるぞ。

早く気づいて改心してくだされよ。
それが天地への孝行であるぞ。
神々様への忠義であるぞ。
宇宙進化の礎ぞ。
それで分からぬ様なれば、お出直しじゃ。

身魂磨きの現われ

すり鉢に入れて、こね廻しているのだから、
一人で逃れようとしても、逃れることはできん。
逃れようとするのは、我(われ)よしじゃ。
逃れようとすると、ますます身魂が曇るぞ。
今の仕事、五人分も十人分も精出せよ。

これは神示に沿った活動をせよと申しておるのではない。
本気で身魂を磨け。
そなたの神殿を掃除しろと申しておる。

磨けてきたら、次の御用となる。
次の御用がやってくると、
自身の身魂が磨けているかどうかが分かるであろう。
神は見ているぞ。
神示を肚に入れて掃除しておれば、仕事は段々変わってくるぞ。
今の人間は、食うためじゃと申し、いやいや仕事をしておるが、
その仕事を通して身魂を磨けよ。
するとその仕事も変わってくるぞ。

人間関係も変わってくるぞ。
別れや出会いもあるであろう。
変わってきたことが身魂磨きの現われじゃ。
励みとせよ。

嫌なことがあっても、神のお試しじゃと思え。
人を責めてはならん。
自分も責めてはならん。
責めるのは罪じゃ。
責めるとやり直しじゃ。

神示を声立てて読めよ。
その上で、人にこの道を伝えてやるのだぞ。
無理はするな。
急ぐではないぞ。
我(が)を捨てて、大きな息吹きに融け入るのだぞ。
宇宙や神々に心を開き、
神の息吹きに融け入るのだぞ。

いよいよ神示が一二三となる。
一二三とは息吹き。
耳に知らせるぞ。
伝えねばならぬから、

一二三として、息吹きとして知らせるぞ。
起こる出来事や、人の言葉で知らせることもあろう。
意識した日々を送れよ。

富士は晴れたり世界晴れ、
岩戸開けたり世界晴れぞ。

水の巻

神のキを入れよ

キが元ぞと申してあろう。
キは気。キは意識、エネルギーぞ。

「日本はだめじゃ、日本は外国に負けるぞ」というような、
神国をつぶす心や言葉は悪魔ぞ。
キを大きく持ってくだされよ。
島国日本にとらわれてはならん。
「日本良かれ」という思いにもとらわれてはならんぞ。
地球のために生まれてきたのだというキを持ってくだされよ。

一（ひ）食べよ。

御魂、食べよ。
一つひとつの食べ物に、
御魂が宿っていることに意識を向けよ。
御魂をいただいているのじゃ。

二（ふ）食べよ。
食しているとき、風の気が入って融け入るのじゃ。
風の中にはいろいろな気がある。
食べるとは、噛むこと。
噛むことで、一と二を和しているのじゃ。
噛むとはかみ（神）。
そなたの神殿の神に供える心で噛むのだぞ。
噛めば噛むほど神となる。
噛むほどに神の気が増すのだぞ。
それを意識して食べよ。

食べ過ぎてはならん。
噛んでいれば、量は要らなくなるぞ。

神とともに食せ。
神のキが身魂に融けこむのだと思って食せ。
神に感謝して食せよ。
さすれば、食べ物は物体のみにあらず。

神国ぞ、神ながらの国ぞ。
神国の食は、一、二が入りやすいのじゃ。
噛みながら仕事しても良いぞ。

カム（神）、伊邪那岐の神の御教え。

やまとの身魂を持つ人間と持たない人間

やまとの身魂を持つ人間は、
神を嫌う人間とは縁を作りにくい。

神を嫌う人間には、愛や真が少ないから波動が合わんのじゃ。
やまとの身魂のある人間には、それが分かるからじゃ。

分かっておっても近寄るのは欲得からぞ。
曇っておるからぞ。
本物ではないぞ。

人間は写し鏡、寄ってくる人間は、自分と似たものを持つ人間じゃ。
寄ってくる人間を見れば自分が分かる。
曇っておれば「そんなはずはない」と申すであろう。
世界中を回っても、自分さえ分からん人間はたくさんおる。
ひとりでいても世界が分かる人間もおる。
自分を見る目、人を見る目、世界を見る目じゃ。

神懸れるようにしてくれよ。

次の神代のために
我(が)を無くせ、されど我をうまく使えよ。
人間心には我がある。
神心には、我は無い。

我が無くてもならん、あってもならん。

神に融け入れよ、神のエネルギーと調和せよ。
立て替えと申すのは神界、霊界、現界にあるものを、
きれいに塵ひとつ残さぬように洗濯すること。
塵があるとキが流れん。

幽界は、霊界の中にできた。
幽界は、ますます害を持ち大きくなってしまった。
人の意識が、それを作ったのじゃ。
亡くなった者に対する人々の執着が、その元じゃ。
亡くなっていく者の現世への執着が、その元じゃ。

塵ひとつなく掃除すれば、
すべての界に、神界のキがまっすぐに流れるようになる。
人が神懸れるようになる。
太古の人々と神々とが和をもって、天国を物質界に作っていたように、
新しい神の御代が来るぞ。

神代

神代になれば、身魂の磨けた人間の意識の力が高まる。
覚醒じゃ。
神と人、人と人の間で、光の気を与え合えるようになる。
今の人間は、奪ったり盗んだりしておるが、
それがすっかり変わるのじゃ。

集いの中で気を高め合い、
みなで必要な物質を作り出せるようにもなる。
人々の関心は、愛と進化。

人間は、多次元の世界も含めた考えを持つようになる。
怒りはない。
恐れもない。
鼻高などおらん。
ひねくれ者もおらん。

それらは、退化した人間の感情じゃ。
彼らは、そのような感情や欲求が、
神とのつながりを切り、大地を穢すことを知っておる。

地球に住む人間は、闇の気を光の気に変えることがお役目。
変換装置であり、増幅装置じゃ。
心の中の悪の気を、光の気へと変換し、増幅できるのじゃ。

各々が人類に、地球に、宇宙に責任を持っておる。
そこには進化と愛と、それを基にした暮らしがある。

そして、意識や波動を高める科学が、生まれるであろう。
霊的科学じゃ。
すべての物は、キで作られるようになる。
自然も気象も操ることができるようになる。
食べる物にも暮らすことにも困らんから、人々はみな、豊かで穏やかじゃ。
教育も子どもたちの意識を高め、気を使えるようにすることが目的となる。
大人も子どもも楽しく学ぶのぞ。

そのような御代を、思いめぐらせてごらんなされ。
そのような御代を、次の世代に作ってやりたいと思わんか。

今の世は溜め込んだり、奪ったり、壊したりする世。
次なる御代のために、どこまでもきれいさっぱりと立て替えするぞ。
世の元の大神様の御心のままにする。
神々様の御光の輝く御代とする。
神々様とともに輝く人間たちの代にするぞ。

今の政治も経済も何もかも無くなるであろう。
食べる物も一時は無くなってしまうであろう。

希望をもって覚悟なされよ。
希望を確信にせよ。
波動は自分で変えられる。
気が元じゃ。

世界の人間が、神々様を拝むときが来る。
神々様が、おいでになることが分かるときが来る。
邪魔せずに見物致されよ。
御用はせねばならんぞ。

この神示をそなたの血とせよ。
神の光を発する人となれ。
天地混ぜこぜとなるぞ。

松の巻

身魂の仕事

今度役目が決まったら、末代続く。
善のお役目も末代、悪のお役目も末代。
自分だけのことでは済まん。
末代まで影響するぞ。
人々に忌み嫌われる役になるか、
慕われる役になるか、
自分次第ぞ。
本来この世は、善も悪もひとつ。
どちらのお役目も大切じゃ。

すでにそなたたちの身体が自由にならぬときが来た。

学問や知識や慾で仕事をしても、
御魂に合っていなければ、うまくいかんようになる。
今、うまくいくように思っても、潰れるようになる。

今の仕事のやり方や集団の動かし方は、悪のやり方。
そのうち、どうすることもできず、神に縋るより仕方なくなる。
されど、その時になって縋っても間に合わん。
身魂を磨いた人には神が宿り、直感を使い、神の声を聴き、
進む方向が分かるようになる。

今度は、いろはの世に戻す。
ひふみの世に戻す。
素直にすれば、魂が入れ替わり、良い方に廻っていく。
喜びの身となるであろう。

松

火と水と組み組みて、地が出来た。

地の上にはじめに生えたのが松であった。
松は元のキ。
神のキで作られた。

松植えよ。
松を植えて、神の元のキだという意識を新たにせよ。
松を神の宿る木とせよ。
人の意識は、とても大切じゃ。
強力じゃ。

松を玉串として供えよ。
松を食せよ。
なんどきも変わらぬ松の心となってくだされよ。

松から色々な物が生み出された。
日本は松の国。
日本の松は、素晴らしいぞ。
松は神々や大宇宙と大地をつなげ、キを通りやすくする。

見方を変えよ。

無と有

すべては無（ム）から有（ウ）生まれ、
有（ウ）から無（ム）生まれる。
ウムを組み組みて、力が生まれる。

この度の大峠は、ムにならねば越せん。
ムがウだぞ。
世の元に返すのだと申してあろうが。
ムに返れば見え透くぞ。
無になることで、有が生まれる。
有が無になれば、見えてくるものがある。
それが目覚めぞ。

夜明けの巻

神の国、キの国、真中の国

神の国は、神の肉体じゃ。
日本は、地球のお役目がある国じゃ。
神の国では、お土も、草も、木も何でも、
そなたたちの食べものとなるように出来ておる。
何でも力となる。

それで外の国の悪神は、神の国が欲しくてならんのじゃ。
神の国より広く肥えた国はいくらでもあるのに、
神の国が欲しいのは、
誠の元の国、根の国、物の成る国であるからぞ。
元の気の元の国、

力の元の国、
光の国、
真中の国であるからぞ。

神の国が手に入ったならば、世界を支配できると知っておるのじゃ。
今、外の国で行っていることを日本で行えば、はるかに強力に事が進むであろう。

大地の波動が違うのじゃ。
この国の大地には、いろいろなエネルギーがある。
神の身魂を持つ人間たちの発するエネルギーが
世界に広がりやすいようにできておる。

されど、今はそのエネルギーが少ない。
曇った人間が多いからじゃ。
幽国のやり方が正しいと思い、日本古来のやり方を捨ててしまった。

何もかも神の国に向かって集まるようになっておること、
分かってくれよ。

地球の大地のエネルギーも、日本に集まるようにできておる。
集まったエネルギーは、強くなり、生き物の進化へと導く。
それは宇宙まで続く柱じゃ。

世界各地の岩や山は、浄化や光の拡散をしておるが、
それが日本に集まる仕組み。
太古に地球に作られた男性性の気と女性性の気の中心となる場がある。
そして、各地に小柱がたくさんある。
それらを宇宙につながる気として統合する柱は、やまとの国にある。

その柱をとおして、宇宙のエネルギーと大地のエネルギーが通う。
水のエネルギー、
人間の波動、
動植物の出す波動、
良いも悪いもすべてじゃ。
世界中のエネルギーが集まるから、日本の大地は地震で動きやすい。
悪い気が溜まり、大地が身震いするのじゃ。

やまとの国に住み、神の身魂を持つそなたたちは、
その柱のように、やってきた気を浄化するお役目がある。
浄化すればするほど、波動が高まり、人類の進化につながる。
火山帯とは、そうしたエネルギーの通り道じゃ。

昔の神の世の人々は、それを理解し、楽しくお役を務めておった。
神とともに生きておった。
キを大事にしておった。
キが元と申してあるが、キが無くなると肉体は、飢え死にぞ。

キ息吹けば、肉息吹くぞ。
神の子は、神のキをいただいているのだから、
食う物がなくなっても死にはせんぞ。
キを大きく持てよと申しておろう。
「キ」は幾らでも大きく、幾らでも自由になる神のキだぞ。
損得を捨てれば、神のキが入る。
感謝のキが、神とつながる。
神の息が通うぞ。

お土の軸が動き、磁石も神の国に向くようになる。
大峠の後、北が良くなる。
北に日本から神のエネルギーが増すようになる。
やがて、神の地であることを、世界が知るようになる。
神が起こしているとしか思えんことが起こる。
世界中のどこからでも、拝めるようになるのぞ。

海の役目

海の水が注連である、鳥居であるぞと申した。
海でシメて神を守っておった。
人間は、それを知らずに罪を犯してしまった。
鳥居を作り、神の動きを封じてしまった。
今までの注連縄も、
わたくしたち神々をシメておるのであるぞ。
悪の自由にする逆のシメぞ。

シメ張るなら、元のシメ、誠のシメ張れよ。
締める方向は、今とは逆じゃ。
締め方も、緩やかでよい。
今は息苦しいぞ。
分からぬなら、勝手に考えてするではない。

毎日、神々がシメて、
島国日本を守っていることを思い起こしてくだされよ。

善き世の人間

善き世となったら、身体も大きくなる。
病も老化も心配せずに、命も長くなる。
死ぬときは自らその時期を知り、静かに逝くようになる。

不潔な物は無くなる。
今までの様な大便小便も無くなるぞ。
それらを分解できる身体となるのじゃ。

食べものも食べ方も変わるぞ。
食べものに頼らんでも、良いようになる。
不潔というものの無き世となるのだぞ。
水が生き返るぞ。

新しき神の世となるのだから、下の神々にも見当取れん。
光の世となるのだぞ。
今しばらくだから、辛抱してくれよ。
食べものの心配するではないぞ。
油断するではないぞ。
みなの者を喜ばせよ。
その喜びは、天地のキとなって、そなたに万倍となって返って来るぞ。
喜び、いくらでも生まれるぞ。

兆し

天の異変に気づけよ。
冬の次が春とは限らん。

夏に雪降ることもあるのだぞ。
神が降らすのでない。
そなたたちが降らすのじゃ。
そなたたちの邪気が集まって、凝縮されておるからじゃ。
天にも地にも、わけの分からん虫が湧くぞ。
わけの分からん病がひどくなってくるのぞ。

心残りをそのままにしておくと、つまらんことでつまらんことになるぞ。
ギリギリになっていること、分かるであろうがな。

理屈離れよ

神の民にとっては楽になるぞ。
理屈のない世になるのじゃ。
理屈は悪、理屈なき世に致すぞ。
理屈争いなど、できんようにしてしまうぞ。
する気が起こらんようになるのじゃ。
筋が通らんと申す考えが、おかしいのに気づかんか。

人に知られぬように、良きことに務めよ。
人に知られぬようにする良きことは、神の心。
神のしたことになるのぞ。
神になれよ。

行けども行けども白骨ばかりになる。
白骨さえ無くなる所もあるぞ。
早く誠の民ばかりで固めてくれよ。
神代の型を出してくれよ。
時を取違えぬようにせよ。
時が来たぞ。

雨の巻

やまとの民の起源

この度は昔からなかったことを致すのじゃ。
人間には分からんことであるから、素直に致すが一番じゃ。
惟神（かんながら）の道とか、神道とか、日本の道とか、
今の人間は申しているが、それが一番の間違いぞ。
惟神（かんながら）とは神と人が共に融け合った姿。

今のそなたたちは神をなくしておる。
口先で申しておるばかりじゃ。
それでは惟神も神道もないぞ。
心大きく、深く、広く持ちてくだされよ。

人間にはわけが分からんであろうから、
わたくしは、いよいよとなるまで伝え続けておくぞ。

この道は、ただの信仰心を持てと申しておるのではない。
根本から違うと申しておる。
三千世界の大道。
大宇宙、多次元の大道ぞ。

やまとの民とユツタの十二の支族の源を伝えよう。
太古の地球は、過酷な地であった。
お土は、純粋意識そのものであった。
何もないが、すべてがある意識そのもの、
何ものかも分からず、言葉も持たない意識そのものじゃ。
生まれ赤児じゃ。
生まれ赤児は、何もかもが刺激的であり、好奇心の塊であろう。
何も疑わず、ただ、知りたい、体験したいという思いだけじゃ。

その赤児のようなお土は、地球で体験を繰り返すうちに学んでいった。
刺激や痛みで意識は成長していった。
痛みを避けようとする意識はない。

その刺激を受けるにつれて、だんだん、形も変わっていった。
土であったものは、微生物に触れることで微生物になり、
その意識を吸収していった。
どんどんいろいろなものに触れるうちに、
学び、吸収し、進化していった。

エーテル体だけの時期もあり、
徐々に肉体という物質になっていった。
エロヒムの御柱の一柱が
太陽からの生命力で、その体に御魂たちを受肉させたのじゃ。
人間になるまで、何千万年もの時間がかかった。[註3]

神と呼ばれる高次の存在の目的は、
この星で肉体を持ち、

天の国を物質的に地球に創造し、
進化と繁栄を目指すことであった。
そのために神の御魂たちは、肉体という入れものが必要であったのじゃ。

されど、過酷な地球では、強い御魂しか受肉できなかった。
強い御魂は、古い御魂じゃ。
何事にもぶれず、愛と調和を持ち、
進化という目的を達成できる御魂たちじゃ。

その強い御魂で受肉できた存在が、やまとの民であった。
太陽の気を受け継いだエロヒムの神の子たち、
太陽直系の子孫、
それが因縁ある御魂、神の御魂と呼ばれるゆえんじゃ。
分かったたか。

当時、地球に受肉できなかった御魂たちは、他の太陽系の惑星へと移り住んだ。

長い年月の後、地球が穏やかな環境の星となった頃、ユツタの御魂を持つ者たちが、地球に受肉してきた。
彼らは、高い意識と波動を持つ存在たちで、
やまとの民とともに仲良く暮らしておった。

ユツタの十二支族と呼ばれる者たちは、その末裔じゃ。
彼らもやまとの民と同様に、
御魂を主とし、肉体は従として生きる民たちであった。

同じ頃、太陽の生命力で受肉できず、
他の惑星に移り住んだ御魂たちが、地球にやってきた。
彼らもまた進化を目指す神の子たちであるが、
やまとの民と違って、太陽直系の子孫ではない。

彼らは、高度な霊的科学を使いこなせる者たちであったが、
肉体を主とし、御魂は従として生きる者たちであった。
そのため、愛や調和という意識の発達は遅れており、しばしば問題が起きた。
地球の中に多くの人間種族があるのはそのためじゃ。

わたくしが「外国」や「幽国」と呼ぶ者たちは、
国のことではなく、太陽直系ではない子孫たち、
肉体を主、御魂を従として生きる子孫たち、
惑星育ちの子孫たちのことを申しておるのぞ。
優劣ではない。
上下でも、善悪でもない。
種の違いぞ。
みな進化を目指しておるわたくしの子どもたちじゃ。
間違うでないぞ。

その後、ユツタの民もやまとの民も、
惑星育ちの民とともに歴史の中で混じり合った。
夜の時代とともに、人間たちは眠りにつき始めた。

夜の世となり、岩戸も閉じられ、
神とのつながりは、どんどん途絶えていった。
人間たちは、自分たちが神の子であることを忘れ、
入れものである肉体が、自分であると勘違いして生きていくようになった。

肉体とともに存在するのがエゴじゃ。
エゴがますます強まると、御魂は曇りだす。
そのうち、眠りについた人々は、
エゴから勝手な神の解釈をし、偶像を拝む者が出てきたのじゃ。

迫害し、迫害され、分裂し、歴史から消えてしまったものもおる。
それが今の人間の間でも起こっておるのじゃ。

夜は明けたぞ。
目覚める時が来たぞ。
何を大事にして生きておるのか思い出されよ。
地球に、元の神の国を作るのじゃと申しておること、分かったであろう。

勘違いしてはならんぞ。
命がけで御用つとめていると申し、
我(が)で邪魔ばかり致しておる者もおるぞ。

金や学や智では、大峠を越せんと申した。
神は「せよ」と申すこともあれば、「するな」と申すこともある。
神の言葉の表も裏も理解せよ。
裏の裏とは、そのことぞ。

この度の岩戸開きは、人々を使って人々を助けること。
人間は神の「入れもの」となって働かねばならん。
入れものであることに、気づくことぞ。
それが御用。
いつでも神が融け入れるように、
いつも神とともにいられるようにせよ。
この立て替えの道を先導するのは、
太陽直系のやまとの御魂を持つ人間でないとできんという理屈、
分かるであろうがな。

今、この神示を読んでおるそなたよ、
そなたに申しておるのぞ。
そなたも御縁あって読んでおるのぞ。

自分がやまとの魂を持っているかどうか分からんなら、
何度も読んでみよ。
他人事じゃと思うな。
この神示を読んでいることが、すでにご縁なのじゃ。
思い出すぞ。
神の仕組み、いよいよとなったぞ。

草木のお役から学べよ

草木は、動物や虫に身を捧げるのが嬉しいのじゃ。
だから、種は残して育ててやらねばならん。
草木の身が、動物や虫の身体となる。
草木は、動物や虫のお役に立てることが喜びぞ。
そして、大地が喜ぶのだぞ。

草木から動物虫けらが生まれる。
地球にあるもの、すべてが何かのために生きておるのは知っておろうが。
智だけで知っているつもりではならん。

自分のために見えても、助け合って生きておる姿じゃ。

人間も同じぞ。
人の身も、神に捧げるのだぞ。
エゴの意識から、神の意識へと変えることが捧げることじゃ。
地球は神の星、人は神の子。
肉体は、神の身体であるのだぞ。
我で生き、神と切れていた夜の時代は終わった。
それでも我のままに生き、神の星を壊したいか。
大地も空気も水も汚れておるぞ。
草木や虫けらも苦しんでおるぞ。
大地が悲しんでおるぞ。

神とつながる世が来た。
我で苦労せんでもよい世になった。
太古のように、神の身体であることを思い出しておくれ。
そなたたちの御魂は神の御霊、
神とともに、生きるように生まれたことを思い出してくれよ。

惟神（かんながら）の御身体とはそのことぞ。
神示をよく読めば分かること。

この道は先に行く程、広く豊かに光り輝き、
喜びと愛の誠の道で御座るぞ。

どんなことでも教えてやれるように知らせておる。
いろはに戻すぞ、一二三に返すぞ、一二三が元ぞ。

神々様は、天から水の御守護を、火の御守護をなさっておる。
このこと、魂までよく分かるようにしておらんと、御恩は分からん。

悪も善に立ち返って御用するのだぞ。
善も悪もないと申してあろうがな。
善じゃ、悪じゃと申すのは、夜の人間の我（が）から生まれた考えぞ。
もう捨てる時ぞ。

世界は真中で、神と調和し、

地球は、神の星になる場所じゃ。
日本も外国も神の目からは区別はない。
神の国あるのみ、神国の星となるのみじゃ。
分かったか。

そなたたちが、神と和合するようになれば、何事も自由にできるようになる。
神と和せず、我を通してもうまくいかん。
神が、我が通らんようにしているからぞ。
この位のこと分からんで、やまとの民とは申されんぞ。

それでも我の考えで行うならば、何事もいっさい成就せん。
頭で分かっておれど、まだ我を出しておる人間ばかりじゃ。
毒にも薬にもならん人間も役に立たん。
悪気ないばかりの人間では、やまとの御民とは申されんぞ。

日月の民は、太陽と月と一体の地に生まれた強い御魂を持つ民ぞ。
神の申すことを素直に受け入れなされよ。
受け入れれば、その日から楽になってくる。

まるで水が高い所から自然に流れるように楽になるのじゃ。
自然にことが運ぶとはこのことよ。
それが宇宙の流れじゃ。

智

神の智は真理。
学の智は真理の探究。
もともとは、神の智と学の智は紙一重であった。
されど、時代が進むうちに、
人間の我が出てきて勝手な解釈をし、勝手なことを申し、
勝手な行をしているうちに、天地の差となった。

元の神の薬のやり方は、
悪の神の毒のやり方に変わってしまったのだぞ。
薬は人間には善だと思われておるが、
善だと思っているやり方は、悪のやり方ぞ。
少しは良いが過ぎると毒ぞ、中毒ぞ。

神の御用は人の御用、人の御用は神の御用。
今の人間は、神の御用と人の御用を分けておる。
神に手を合わせながら、
それが済むとさっさと我よしに走っておる。

神には良い顔を見せるが、人にはしかめ面ではないか。
人を粗末に扱ってはならん。
人はすべて神の子じゃ。
わたくしの子たちじゃ。
見苦しき者には、これからは御用致させせん。
よくよく申し付けておくぞ。

何事も順正しくやってくだされよ。
神は順であるぞ。
順の通りに行わねば、結果は変わってしまうぞ。
順が乱れた所には、神のはたらきは現われん。

何もしないでいて、良いことばかり待っておると物事後戻りじゃ。
神の道には後戻りはない。
心得なされよ。
はじめの火、志が消えておるぞ。

蛾ガ

都会へ都会へと、
人間の作った火に集まる蛾のような心になっておる人間多いぞ。
何も分からず、火があるところに集まり、
別の火が点くとまた集まる。
それで御用をしているつもりか。
そのような者に今度の御用は出来ん。

表面を飾ってばかりで、誠のない教えの所へ集まるなれど、
誠の道を伝える所へは、なかなか集まっておらん。
人の評価や飾り方で、誠が見えておらんようじゃ。

見て御座れよ、
いくら人が少なくても、見事なこと致して御目にかけるぞ。
縁ある者は神が引き寄せる。
人間心で心配してくれるな。
めまいのする者も出てくるぞ。
気絶する者もたくさん出て来るぞ。

今のどさくさに紛れて、
悪魔はまだ、えらい仕組みを致して上にあがるなれど、
上に上がりきらん内にグレンじゃ。
せめて三日天下が取れたら見ものじゃ。
こうなることは、世の元から分かっておるから、無茶なことは許さんぞ。

必要のないものを手放す者ほど軽くなってくる。
上へ上へと波動があがって来る。
神に近づくぞ。
神人となるぞ。

仕組み通りなっているのだから、心配するではない。
今度、神の帳面から除かれたら、人間として役に立たんということじゃ。
そのように神が決めたら、永遠に世に出ることが出来んようになる。

目先の慾に惑わされて、折角のお恵みを逃すではないぞ。

人の苦しみを見て「それ見たことか」と思うような守護神に使われていると、
気の毒が出来るぞ、病になるぞ。
世を立て替えて、人間を進化の方向へと向ける世と致すのじゃ。

三エス、[*]3エス

三エスの神宝と3エス（S）の神宝とある。
三エスの神宝の「エス」は光の言語。波動じゃ。
「光が射す」という意味じゃ。

神の神宝、三エスは玉、鏡、剣。
玉とは、御魂ぞ。

＊エス：神の言葉で、光の言語とも呼ばれているもの。意味は、「人間の心に光が差し込む」

鏡とは、心の鏡ぞ。
人間が見ておる外界は、己の鏡に映し出されておる世界。
身魂の曇り方で、見える世が違うのじゃと申したであろう。
みなが同じ世を見ておるのではない。
自分の世界が暗く生きにくいと思っておるなら、
自身の鏡が曇っておる。
自分のいるところに愛を見出しておるなら、
曇りは晴れてきておる。

そして、要らぬものは、剣で断ち切るのじゃ。

三エスは、人間が神と和するために必要な宝であるぞ。
方向を見失わぬように、神が肉体に与えたのじゃ。
思い出せ。

３エスは悪の神宝。
今の人間は、スクリーンにくぎ付けぞ。
真実から目を背けさせる悪の宝ぞ。

誘惑され、操られ、
さまざまなスクリーンに心を奪われておるではないか。

悪の仕組みは、スポーツにも仕掛けてある。
何のために競っておるのじゃ。
身魂を磨くことから大きくそれた者が多いぞ。
それで金もうけをしようとする者も数知れず。
見る者はスクリーンに張り付けぞ。

悪の仕組みは、セックスにも現われておる。
異性を操る上っ面の磨き方や、飾り方で振り回されておる。
3エスで魂を抜かれた人間がなんと多いことか。
3エスで人生を狂わしておる人間、哀れなものよ。

悪の仕組みに気づいてくれよ。
悪の神宝に惑わされないでくれよ。
一つひとつは、悪いものではないなれど、
それが目的となり、

生活の基盤となり、
小さき楽しみの元に留まり、
曇り果てたまま生きることが、悪じゃと申しておる。

悪の仕組みは、支配の仕組み。
それは天使の顔をしてやってくるぞ。
喜びを餌にしてやってくるぞ。
毒と薬、裏腹。
善きものに見えても、過ぎれば毒。
毒されておる。中毒ぞ、病ぞ。

今の人間は、一方の３エスしか分からん。
悪神の仕組みを良いことのように思うておるから、
すぐに悪に操られる。
操られておることも分からんと、よいことのように騒ぐではない。

この度は、毒と薬、薬と毒でつき混ぜて、こね混ぜて、
あっぱれこの世の宝と致す仕組みだぞ。

分かったか。

この道は、中を行く道。
良いも悪いも勝手に判断せず、中行く道じゃ。
中を行かれんのは、我があるからじゃ。
我では中におられん。
我は中に存在できん。
すぐにどちらかに揺れ動く。
力の出し方が狂っておるのじゃ。
力は余ってならず、足らんでならず。
中を行け。
そして、しっかりと手握って、
じっと待っていてくだされよ。

いくら誠じゃと申しても、教えるばかりでは何もならんぞ。
みなが誠の行出来んと、この道開けんぞ。
理屈ばかりで教えるではないぞ。
いくら理屈が立派であっても、行が出来ねば悪であるぞ。

この世のことは人間の心次第。

初めの行

人は表面を洗えばきれいになるが、肚の中まではなかなか掃除できん。
道を広める者から早く掃除せよ。

初めの行を申し付けるぞ。
眼が覚めたら、起き上がれよ。
起きたら、その日の命をいただいたのだと感謝せよ。
神の神に感謝せよ、神に感謝せよ。
地球にあるすべてのものに感謝せよ。

感謝をもって仕事せよ。
仕事は喜び事。
持ち切れぬ程の仕事を与えられるようになる。
仕事は命。
仕事に喜んで仕えよ。

我を出すと、曇りができる。
曇ると仕事の目的が分からんようになるぞ。

顔を洗ったら、水に感謝せよ。
感謝の念を水に与えよ。

腹減ったら食せ。
二分は神の神に、そなたは腹八分ぞ。
噛みながら神の気を入れよ。
八分であるから、神の気が入る。
感謝の気を入れよ。
すべていただいたものと思い、食い物を大切にせよ。
神とともに食せ。

すべての人間が食べるだけは与えてある。
むさぼるから足りなくなる。
腹が減らんのに食べてはならんぞ。
一日一食からやり直せ。

ほんの暫らくでよいぞ。

家の中はきちんとしておけ。
掃除しながら、心も磨き整えておると思え。
神の道は無理がない。
無理なく楽しく楽に暮らせる。
どんな時、どんな所でも楽に暮らせる。

身近なところから始めよ。
それが初めの行ぞ。
神の業が出て来ねば分からんようでは、神力は無い。
軽き輩じゃ。

神の申すことが誠だと思いながらも行が出来んのは、
守護神が、未だ悪神の息から離れておらん証拠じゃ。
悪神が、身魂磨きを先延ばしにさせておるのぞ。
それに操られてはならん。
悪神は如何様にでも変化するから、

悪におもちゃにされているそなたたちが可哀想じゃ。

目を覚ませ。
初めの行をせよ。

断ち切る気

この神示読めよ。
言霊を高く読み上げよ。
悪の気を断ちてくだされよ。
神示の言葉は、悪の気を断ち切る力がある。
読み上げて断ち切ってくだされ。
読み上げるほどに断ち切れる。

悪神や邪霊は、人間の我（が）がエサとなる。
慾や恐れや怒りがエサとなる。
餌食にされるなよ。

３エスの悪魔に邪魔されて、楽な方へ楽しい方へと気をそらされ、
神示を読む気力もなくなる人間がたくさんおるぞ。
神示に全く関心を持たん人間はもっと多い。
悪の誘い、もっと増えるぞ。
気をつけておくのじゃ。

まだまだ人間には見当取れん妙なことが次から次へと湧いて来る。
妙なことは、わたくしがさせておるのじゃ。
神の民ならば心配ないなれど、
神の民であることを忘れている者、まだまだであろうがな。
妙なことに巻き込まれ、
一掃される民には、掃除せねばならん神の心は分かるまい。
妙に見えるのも道理じゃ。

天の様子、空の様子も変わって来るぞ。

キリ

何事にもキリがある。
人々が可哀想じゃと申してもキリがある。
キリじゃ、キリに気づいてくだされ。
人に言ってもらっての改心では役に立たん。
自分の心から改心致されよ。

我でやろうと思ってもやれんぞ。
我でやると、無理が出てくるぞ。
気が急くようになると、我じゃ。
自分がやらねばと気負うと、我になるぞ。
頑張ろうとすると、我が出るぞ。

自分は頑張っていると思えば、何もしておらん人に腹が立つ。
それも我じゃ。
我でやると、できているように思い、慢心が起こる。
中を保ち、自分の役目を淡々とこなせよ。
他人と比べるな。

それがカギじゃ。

日の出とともに

これまでは夜の守護であったが、いよいよ日の出の守護となった。
物事すべて誤魔化しは効かん。
隠していることが出てくるぞ。
ウソがばれるぞ。
心にもないお世辞が言えんようになるぞ。
偽りではうまくいかんようになる。
すべて日に照らされるのじゃ。

誠の人よ、
よく神示見てくだされ。
裏の裏まで見てくだされ。

神国の誠の因縁が分かったであろう。
三千年や五千年ほどの短い単位で理解しようとするのは、

スコタンじゃと分かったであろう。
神も天地もすべて平らげて、誠の神国に、世界神国に致すのだぞ。

世界は神の国、
神の国の真中の国は、十万二十万年の昔からでない。
世の元からの神国ぞ。
誠ひとつの神のことだぞ。

それが分からんようなら、一人前の神人とは申されん。
人間は世界がその心通りに映るから、間違いだらけとなるのじゃ。
見える世界は、曇った心で見ておるから、間違っておると申したであろう。
曇っておるだけではなく、見える範囲も狭い。
それで物事が分からんのじゃ。

人々が楽に行ける道を作って教えておる。
我を出すな。
我を出すから、苦しんでいるのじゃ。
神が苦しめておるのでない。

そなたが自分で苦しんでいるのじゃ。
曇りを取ってよく見よ。

礼拝の仕方

天地の先祖、元の神のてんし様が、王の王と現われなされる。
王の王は、霊で現われなされる。
礼拝の仕方、書き知らす。

節分から始めてくだされ。
先ず気を整えて、しばらく目閉じ、心開きて一拝二拝八拍手せよ。
又、気を整えて、一二三四五六七八九十と言葉高く宣れよ。

又、気を整えてひふみ三回宣れよ。
これは喜びの舞い、清めの舞い、祓いの歌であるぞ。
世界の人々もみな宣れよ。

身も魂もひとつになって、宣り歌い舞えよ。

身魂全体で拍手するのだぞ。

終わって又、気を整えて、
一二三四五六七八九十、一二三四五六七八九十百千卍
(ひとふたみよいつむゆななやここのたり・・・ももちよろず)。
声を出して宣れよ。

神気整えて、天の日月の大神様、弥栄(いやさか)ましませ、弥栄ましませと祈れ。
これは心の中で祈るのだぞ。

地のひつくの神様、弥栄ましませ、弥栄ましませと祈れ。
終わって八拍手せよ。

次に雨の神様、風の神様、岩の神様、荒れの神様、地震の神様、
百々の神様、世の元からの生神様、産土の神様に御礼申せ。

終わってから神々様のキをいただけよ。
神々様はキをくださる。

心静かにいただけよ。
神々様のキは人間の生命の糧であるぞ。
病がなくなる元の元の気であるぞ。
八度繰り返せ。

しばらくは、この様に拝めよ。
神代になるまでには、まだ進むのだぞ。
それまではその様にせよ。
わたくしの申すようにすれば、その通りになる。

五恩

大峠とは、統を消すことじゃ。
悪の仕組みで作った組織の上下を無くすのじゃ。
新しき元の生命となるぞ。
神の心になれば、誠が分かる。
誠とはマとコトだぞ。
真の言葉ぞ。

神と人間が同じになれば、神代じゃ。
神は隠身に、
人間は表に立ってこの世を治めるのじゃ。
雀の涙程の物を取り合って、何して御座るのぞ。
自分の物だとまだ思うておるのか。

御恩とは五つの恩。
いただいている御恩を返さねばならん。
火、風、水、土、神、五つじゃ。
このことをよく考えて、間違わんようにしてくだされ。

この巻は雨の巻。雨降って地固まる、雨の巻じゃ。地を固めよ。

次々に知らせるから、
身魂相当に選り分けて、知らせてやってくれよ。
わたくしは、お役の人々みなに喜びや幸せを与えたいのじゃ。
人間みなにそれぞれに喜びを授けたいのじゃ。

待たれるだけ待っているのぞ。
自分ひとりでの手柄は悪じゃ。
分け合ってやれよ。
手を取り合ってやれよ。

石もの言うぞ。
隠された秘密が出てくるぞ。
神の仕組みが世に出るぞ。
神の仕組みが出てきたら、
今まで見えていたものが変わるぞ。
幾通りもの見え方ができるようになるぞ。
人間の見え方がどんどん深まるのじゃ。
広がるのじゃ。

五つの色の七変わり八変わり、九十々て、
百千万の神の世、弥栄、神々の世、栄える。
ああ、すがすがし、ああ楽し。

風の巻

用意なされよ。
いよいよぞ、いよいよ来るぞ。
神の御言葉を知らせるぞ。

穴

穴を埋めてはならん。
穴は要るぞ。
井戸、池、沼は大切ぞ。
その中で生き物を守る仕組みがある。
みな、穴で守られているのぞ。

幼子に学べ

苦しいという声、わたくしは嫌いじゃ。
苦と楽と合わせて見てくれよ。
苦の動くのが楽だぞ。
動くことで、楽になるのじゃ。
動かずに苦しいと申しておろう。
握ったものを手放さぬから苦しいのじゃ。
握っているものは、我(が)ぞ。
手を放せよ。
手を開けよ。
中心に戻れよ。
肩の重荷をおろせよ。

生まれ赤児見よ。
幼子見よ。
欲しいものを摑もうとするであろう。
要らんものは手放すであろう。

嫌なものは嫌じゃと申すであろう。
お石ひとつでも気に入ったら大事に持っておるであろう。
腹が立てば怒る。
気が済めば、すぐに忘れる。
何も知らんから好奇心の塊じゃ。

大人になれば、要らんことを考えて素直になれん。
赤児を見よ。
見て気づけ。
見て学べ。

幼子は無垢じゃ。
無意識の中で、無垢じゃ。
されど、無意識の無垢のままでは、伸び放題の雑草じゃ。
成長すると、我（が）が育つ。
意識が育つ。
意識的に無垢になることが、本来の進化ぞ。
中心ぞ。

神は親であるから、子であるそなたたちを守っているのじゃ。
大きくなれば旅にも出すぞ。
旅の苦労、楽しめよ。
無垢になって楽しめよ。

眠くなったら眠れよ。
それが神の道。
神のことばを聞く道だぞ。
「それは無理じゃ、わがままじゃ」と申すであろうが、
それは幼子の無垢を想像しておるからじゃ。
大人の無垢だぞ。
意識的無垢だぞ。

無理することは曲がること。
逆を行くこと。
何を優先して無理じゃと申しておるのか。
神の申すことより優先することがあるのか。

悪の仕組みに取り込まれた人間たちよ、
目を覚まさんか。
自然の理に沿って生きること、
神の申すように生きることが、神の子の道ぞ。

逆を行ってはならん。
無理することは、逆を行くことぞ。
曲がっておれば、神の言葉は聞こえん。
素直になれ、無垢になれ。

火が降るぞ。

調和

相手が七と出たら、三と受けよ。
四と出たら、六とつぐなえよ。
九と出たら、一と受けよ。

二と出たら、八と足して、
それぞれに十となる様に調和せよ。
常に調和に心がけよ。

六と出て六と受けるから、問題が起こる。
調和が崩れるのぞ。
自己犠牲ではない。
家族も仕事も自己犠牲は駄目じゃ。
誰かの苦の上に成り立つ幸せは、偽りじゃ。
誰かが調和せぬから、自己犠牲が起こる。

不調和は悪の仕組み。
自己犠牲も悪の仕組み。
苦の道ぞ。
調和が道ぞ。
真の道ぞ。

上下逆さま

神の御霊の宿らん者が上で治めておるではないか。
下と上が逆さまじゃ。
媚びへつらう者もおるではないか。
人集めのために媚びておる者も多いぞ。

御魂を入れた者が上になるのが正しい世。
正しい世にせねばならん。
神を上にして、御魂を入れる世にせねばならん。
タマをなくしておると申しておろう。
神の心や智がなく、身体ばかりでどうして世が治まるのじゃ。
そなたたちの肉体が、神の宮となるときぞ。

やがては富士に木の花咲くぞ。
コノハナサクヤヒメさまが、お喜びになる。
見事富士にわたくしが鎮まって、世界を治めるのじゃ。

神人

太陽の民の肉体に一時は鎮まり、この世の仕事を仕組みて、
天地でんぐり返して光りの世と致すぞ。
花咲く御代が近づいた。
用意の時、しばし与える。
とんでもないことになるぞ。
真の王の輝く光の世となるぞ。

自分を軽しめることは、神を軽く見ること。
そなたたち誰もが頭領であるぞ。
釈迦だぞ、イエスだぞ。
その上に神が座すのじゃ。
その上に、神がまた一束にするのじゃ。
その上に又、神が出てくる。
その上にも神があるのだぞ。
上も下も限りない。

身魂の磨けた人々の肉体へ鎮まれば、

何処へ行っても、わたくしの国、わたくしの肉体ぞ。
今では鎮まれる肉体が少ない。
我で作った今の世の仕組みに侵されておる。
それをさっぱりときれいにしておくれ。

心配せずに、どんどんやれよと申したなれど、
今はどうしたことじゃ。
日が経つと忘れたか。
世が変わると捨てたか。
光の世にするという御魂の御用を無きことにして、
闇の世で生きるのか。
心を新たにせよ。
初めの行をして、毎日心を新たにせよ。

わたくしが鎮まれば、そなたたちが動くところに神の力が加わる。
神の力とともに動くのだぞ。
それが神人じゃ。

みなで神人になる集いは結構であるが、今の集いは神無き集い。
神無き集いを作ってはならん。
人が上になっておるではないか。
言葉だけ「神」と申しておるではないか。
神を上に、真中にして集まれよ。

世の中の騒動を待つ心は、悪であるぞ。
神示通りにならんではないかと文句を申す心、
悪であると申したことを忘れるなよ。

同じ名の神に二柱

同じ名の神に二柱ある。
善と悪じゃ。
この見分け中々であろう。
神の中に、そなたたちが善と思う力と悪と思う力がある。
それでも一柱の神。
善の神が、悪の顔でやってくることもある。

悪の神が、善の顔でやってくることもある。
そなたの考えで勘違いしてはならん。
見分けよ。
神示を読めば、見分けられるように解いておろう。
善と悪と間違えるなと、くどく伝えてあろうがな。

善と悪を見分ける目、
これが岩戸を開くひとつの鍵。
名は同じでも裏表。
裏の力、表の力があるのぞ。
裏表と思うな。
それはひとつじゃ。
頭と尻は違うのだぞ。
違っても一体じゃ。
役目が違うのじゃ。

「行」という言葉

わたくしの名を呼びてすがれば、
どんな遠くへいようとも、言うことを聞いてやるぞ。
雨の神、
風の神、
岩の神、
荒れの神、
地震の神と申してお願いすれば、
この世の荒れ、地震から逃れさせてやるぞ。

神々様に届く言葉は「行」じゃ。
行いがそなたの言葉となる。
「助けてくれ」ではだめじゃ。
行とは、神とまつろうておる行いじゃ。
日々の生活じゃ。
仕事じゃ。
そなたたちの心と口と行動じゃ。

そばにいても、言葉ばかりの願いは聞こえん。
口と心と行と三つ揃った行いが、誠と申しておる。
三つそろえば、大きな波動となる。
力となる。

そなたたちの三つは調和しておるか。
我の口と心と行では、調和とは言わんぞ。
御魂を洗濯しながらの調和じゃ、一致じゃ。

口だけで行のできておらん者、
心と行の違う者、
口ばかりで行のない者、多いのぉ。
時節来ているなれど、分からん人間が多い。
物事遅くなるぞ。
気の毒ができるぞ。
今しばらくの辛抱ぞ。
神は人々に、喜びと愛ある人生を与えたいのじゃ。
よき世に致したいのじゃ。

文明のカス

ここまで文明が開けたのも、神が致したからじゃ。
神がその智を人間に与えたのじゃ。
今の文明を無くしてはならん。
文明を残してカスだけ無に致すのぞ。

カスが何か考えてみよ。
立派に作ったつもりなれど、要らんものが多いであろう。
要ると思って作ったなれど、人を縛るものがたくさんあるであろう。
必要なものは何なのか、よく考えてみよ。

取違いするな。
慢心致すな。
日本の国がいくら大切と申しても、世界中の人間とは替えられん。
国が引っ繰り返ることはまだまだあるかも知れん。
地の軸が動くと知らせてあろうがな。

この神示は、わたくしのキのままであるから、
心無き人には見せるではないと申した。
あまりキツくて毒になるなら、薄めて見せてやれよと申したが、
もうはっきり伝えねばならんようじゃ。
一日も早く、一人でも多く助けてやりたい。

神まつり結構ぞ。
神と和合せずに、いくら道を説いても肚には入らん。
肚に入らん道は、悪の道。
頭ばかりで道歩めん道理、分からんか。
改心足らんぞ。
理解足らんぞ。
自覚足らんぞ。
瞑想せよ。

ゆっくり殺す仕組み

楽をして良い御用をしようと思っているのは、悪の守護神に使われているのじゃ。
人の殺し合いで、この世の立て替えが出来ると思っているのも、
悪の守護神に使われているのじゃ。

殺し合いは戦だけではない。
肉体をいくら滅ぼしても、善き世にはならん。
魂は兵器や毒では殺せん。
殺された魂は、他の肉体に移って、目的を遂げようとするのだぞ。
いくら外国人殺しても、日本人殺しても、善き世は来んぞ。

もっと恐いのは、いつの間にかゆっくりと殺す仕組みじゃ。
そうなっておろうが。
上の者が良きことのように申しておることを鵜呑みにしてはならん。

多くの者が集まっている火は、命を燃え尽きさせる火ぞ。
燃えて灰になる火ぞ。
目を覚ませ。

今までのやり方をすっかり変えたくとも、
今では人間の我(が)や力では、どうにもならんであろう。
神の申す様にするより他に、道は無くなっておるであろう。

この度の岩戸開きは、なかなか難しいぞ。
岩戸は身魂の磨けた人間が、ある数に達すると開く。

見て御座れ、
善一筋の「与える政治」で、見事に立て替えて見せるぞ。
和合できんと喜びはないぞ。

一家揃ったら、どんな喜び事もやってくる。
一国揃ったら、どんな神徳も備わる。
神が要らん世に致してくれよ。
神が要らん世は、神となった人間が住む世ぞ。
天国ぞ。
天国を作るぞ。

風にすべて吹き飛ばされた大地。
そこに天から光差す、風の巻じゃ。

岩の巻

心いっぱいの誠

今の人間は目先しか見えんから、疑うのも無理ないなれど、
身魂を磨けば良く分かるようになる。
ついておいでなされ。
手を引いてやるぞ。

誠の道を行くだけではまだ足らん。
心に誠をいっぱいに詰めて、
空っぽにして進みてくれよ。
誠とは、偽りのないこと。

地球を神の惑星にするのじゃという思いに偽りないか。

どこかに無理じゃと思うておらんか。
あきらめがあれば、誠ではないぞ。
本気ではないと、嘘が混じるぞ。
嘘が入ると、曇るぞ。

神の惑星にするには、
身魂磨きをせねばならんという信念に偽りないか。
それあっての行であるという理屈は、肚に入っておるか。
それをいっぱいに詰めるのじゃ。

我は空っぽにせよ。
我を空っぽにしておかんと、誠はいっぱいにならん。
自分の中に嘘が無いか、
無理が無いか、
あきらめが無いか、
よく見てみよ。
心の周辺にはあるであろう。
中心におらんと我からは離れられん。

中心に意識を向けよ。
中心に留まれ。
中行く道ぞ。

この事が分からんと、神の仕組みは遅れるぞ。
苦労、苦労と申しても、悪い苦労ではならん。
気の毒がでる。
良き苦労で、花咲くぞ。
花咲いて、実を結ぶぞ。

人間が目的に向かう道は、無理をしたり、
苦しみながら進むことじゃと早合点しているなれど、それは大間違いじゃ。
それが我じゃ。
神の道は、無理は無いとくどく申してあろうがな。
この道理、よく噛み分けてくだされ。

仏魔

神の国は元の気の国、
星々の民の国とは、生まれが違うと申したであろう。
神の国であるのに、人間は目先の慾に目がくらんでしまい、
渡って来られんものが渡って来て、無茶苦茶に致してしまっているのに、
まだ目先の慾にとらわれたことばかり申しているではないか。
あまり分からねば、分かる様に致すぞ。
眼の玉飛び出すぞ。

国を開いてから仏魔が渡って来て、分からんことにされているであろうがな。
仏と仏魔は違うのぞ。
仏にとらわれ、それが修行の妨げとなり、
魔に等しき存在になってしもうておる者、

自分の宗教や教義にとらわれすぎて、
人々のことより、己に集う者たちのことばかり考えておる者、
身魂磨きより、人寄せの飾りにとらわれておる者、
仏の名を使って政をし、人心を操る者、

それが仏魔にとらわれた者たちぞ。
五度の岩戸開きを、一度にせねばならん。
生まれ赤児の無垢な心で、神示を読んでくれよ。

星々の民の言うことをまともに聞いていたら、
尻の毛まで抜かれてしまうから、
気をつけよと申していたのに、
今の有様は、その通りではないか。
まだまだ抜かれるぞ。

身魂磨きや神国の在り方に早く気づき、
守りを固めておかんと、まだまだ苦しいことが起こるぞ。
じゃと申して、神の計らいを延ばさねば、助かる人間はおらんし、
少しは神の心も察してくだされよ。
申すことをよく聞いて、素直に致されよ。
神頼むぞ。

いよいよ時節が来た。
何と申しても時節にはかなわん。
時の神様にはかなわんから、神示通りになって来るぞ。
心さっぱり洗い晴らしてしまって、
物慾も支配慾も承認慾もさっぱり手放し、
洗い変えして、神の御言葉に生きてくれよ。
尊（みこと）になるぞ、霊ぞ。ミコト結構ぞ。

神ひらき、結び人睦び、展きにひらき続く道ぞ
ひふみ、よろず、ち、ももの道なり、むすび出ず
仏、耶、その他の神々ひらき成り
正し、交わり、融しひとつの神国と、出で睦び開く
地上天国にひふみ、正しきは出で
ひらき、輝き、いきし、弥栄の神々揃う
元津神の道ひらき、鳴り成りて

更にひらき、極み続く歓喜の大道
真理輝き、渡り出ず
神、人、動、植、鉱、もろもろの道なりて展き
極みつくる所
太神、百々の神、世になり極む
世に満ち、弥栄の大道、神代に続く
正しき神の善き戦の道
神国は真理真愛、神の大真(おおきまこと)と出でそむ
富士の仕組み、鳴門の仕組みの火水道

分からんうちに分かってくれよ。

本来の地球

誰の苦労でこの世が出来ていると思っているのじゃ。

守護神よ、盗んだ世であるくらい分かっているであろうが。

この世を我が物顔にして御座るが、早く元にお返しして、改心致されよ。

この惑星は、御魂の進化のために作ったのであるぞ。
成長を望む神の御魂が、人間の身体を借りて、
物質的な世で天国を作るために化身したのであるぞ。

闇の気を光に変えながら、天国を作ることで、
御魂は、さらに進化するのであるぞ。
生まれてくる子は、親よりも進化するために、新しい種も与えているのぞ。
わたくしたちが、神の子の手で天国を作り、
進化を遂げるために作ったのだぞ。

守護神よ、そのことを知っておりながらまだ返さぬか。
神国の王は、天地の王。
星々の民の王は、人の王。
悪神に憑かれた人の王。
幽界に操られた人の王。
人の王では長く続かん。

外国にも日本にもまだまだ厳しいことが出て来る。
申さねばならん。
出づる道は二つ。
ひとつはひらく道、新しい御代づくりの道。
二つは極む道、ひとり一人が進化する道。
横と縦ぞ。

道が出で、世に満つる歓喜の世ぞ。
進化を歩むそなたたち、
そなたたちが作り出す天国への世ぞ。

いよいよ荒れるぞ。因縁ある身魂は結構となる。

光の巻

ひとつになりなさる神の子たち

今に世界中の誰にも分からんようになって、上げも下げもならんことになって来る。
そのうち、これは人間の頭や力でやっているのではないということが分かってくる。
どこの国も、どんな人々も「なるほど」と納得するまで揺すぶるぞ。

この度は、天のご先祖様の子孫と太陽直系の子孫とが、
スメラ神国とユツタ神国とをひとつになりなされる。
そして、末代動かん光の世、
影のない光の世と致すのじゃ。
今の人間には見当もつかん光の世じゃ。
光り輝く御代ぞ、楽しけれ。

霊から変える

悪い者を殺して良い者ばかりにすれば、
善き世が来るとでも思っておるのは間違いじゃ。
肉体をいくら殺しても、魂までは変えられん。
魂を変えることなど、人間の力ではできん。
元の霊まで改心させねば、今度の岩戸は開けんぞ。
元の霊に改心させずに、肉体ばかりで改心させてもダメなのじゃ。
人間の理屈で、目に見える世界ばかりを良くしようとしてもできはせんぞ。
それくらい分かっておろう。

霊は移るのじゃ。
残るのじゃ。
憑くのじゃ。
憑きたい霊が、その辺にたくさんおるぞ。
気をつけよ。

殺してもだめだと分かっておりながら、ほかに道はない、仕方ないと申し、手をつけずにいることが、悪に魅入られていることぞ。

悪は改心が早い。
悪神も助けねばならん。
霊から改心させねばならん。
善も悪もひとつ。
霊も身もひとつ。
すべて天地の存在であると知らせてあろう。
どんな良いことを知らせて喜ばせても、
今の人間たちは、なかなか言うことを聞かんものじゃ。
この道に縁ある者だけで神国の型を出せよ。
型で良い。
型とは実際の行動。
仕組みだぞ。

新しい御代を作る神々と民たち

アは元のキの神の子、

ヤとワは渡って来た神の子。
㋳㋻は渡って来る神の子。[註4]
十の流れ、十二の流れを伝えるぞ。

十の流れとは、お揃いになっておられる十柱の神々ぞ。
十柱の神々が、日本で身魂の磨けた民たちと、次の御代をおつくりになる。

十二とは、ユツタの十二支族末裔の民たち。
ほかの地で、次の御代を作るぞ。
ユツタの民とやまとの民とが和合し、
それぞれの場所で調和しながら、新しい御代を作るのじゃ。

大峠の前には、アメリカ、イギリス、ロシアと三ッ巴となって現われるであろう。
世界ひとつに丸めて、一人の王で治めるのじゃ。
外国人と申しても、神の目からは別はない。

もう戦が始まっておるぞ。
早く目覚めて、アジアの人々を含め、外国の民を毛嫌い致さず、仲良く御用を致してくれよ。

竜宮の乙姫殿、
岩の神殿、
荒(あ)れの神殿*が、
世界の片端から取り掛かりなされているのだから、
世界の悪の仕組みが、次々出てきておることに気をつけて、
早く考えを変えてくれよ。
見方を変えてくれよ。

神と二つの大国・別次元の邪神との大(おお)き戦(いくさ)。
神との戦いぞ。
一旦は二つの大国の天下になるところまで落ち込むであろう。
行く所まで行くであろう。
そして、地上に住む民の身魂たちと、
地中に住む民の身魂たちが天下統一し、
世界は一平らとなる。

＊荒れの神殿：地球の穢れによって荒れ果ててしまっている乙姫殿のこと。

地中の民は、地上の人間より高い波動を持っておる。
今の人間より進化した存在じゃ。
彼らは、人間の進化という目的を理解しておる。
物質的現界が神の世となることが、
宇宙の進化に調和することも知っておる。
彼らの世界は大人も子どもも、
進化をもとにした暮らしをしておる。

そして、地上の人間たちの波動が上がり、
自分たちの目的を思い出せるように何千年も祈りをささげてきた。
彼らの力と共にいよいよ大峠。

幽界の者たちが作った仕組みを取り上げにかかるぞ。

まつりの巻

身魂磨きのわけ

肉体あるうちに、身魂を大切にして清めねばならんぞ。
身魂が磨けて来たら、末代まで結構となろう。
それだけに大切なことだから、
お互いに手を取って、磨き合っての御用は結構ぞ。
分け隔てしてはならん。
分からん者はちょん切るぞ。

元のキ、元の遺伝子を持つ者たちのことは、その血統でないと分からん。
その者たちは、分からねばならんぞ。
分からん者は分からんのが良い。
無理に分かろうとしなくともよい。

分からんのに理屈をこねまわして邪魔するではないぞ。
分からんままの方がなお良い。
何事も人間たちに分かってこなければ、物事は遅れると申した。
遅れるわけを申すぞ。

地球には、何千もの目に見えない網の目が張り巡らされておる。
地球に存在するすべてのものは、網の目があるからじゃ。
ある種が絶滅すると、その網の目はなくなる。
人間の知覚能力が増したり、
物質の創造変化が起こったり、
直感で何かを閃き、新たなものを発明したりするのは、
網の目があるからじゃ。

同時に全く別の場所で同じ発明をする人たちがいるのはそのためじゃ。
それは、電気が電線を伝わるように地球中に流れる。
このことに気づいた専門家が増えておろう。

そのために、身魂の磨けた人間が、ある一定数に達すると、網の目ができ、

あっという間に世界中に広がる。
増えれば増えるほどその網の目が強化される。
これは神の仕組みのひとつ。

それは、できかけているが遅い。
キリスト意識の網の目はできた。
神人の網の目ができれば、
この二つが調和し合って、ますます強くなるであろう。
お役の者は七人に伝えろと申しておるのはそのためぞ。

意識と声と言葉

神国の乱れは声から始まった。
声が乱れるということは、意識も言葉も乱れるということじゃ。

夜の時代になり、岩戸が閉じたことで、人間は神と途絶えた。
不安や恐れが蔓延していくにつれ、腹から声が出せんようになった。
こもった声、飾った声じゃ。

言葉には、嘘が多くなった。
飾りが多くなった。
無駄も多くなった。
今の人間は、喜びの話より心配や不満の話の方が多いであろう。
うれしい話を伝える方は本気であるが、聞いている人間の意識が乗りにくい。
ねたみが起こるからじゃ。

腹の立つことや恐れていることを話すときは、聞く方も真剣じゃ。
今の人間は、怒りや恐れに同調しやすい。
誰もが本気で話しておるであろう。

現実界の戦争や天災はみな、
人間の意識から、心から、言葉から起こった。
本来、分かっておる人間は、
意識の力が現実を作ることを知っておる。
その意識を言葉にすると、
もっと大きくなることを知っておる。

ゆえに、めったなことは考えんし、口にも出さん。

世界を裏で動かす一握りの人間たちは、そのことを知っておるのじゃ。

これから神代に近づくにつれ、意識と声と言葉が現実化する速度は早まる。
意識に責任を持てよ。
言葉に責任を持てよ。
そなたたちに起こることは、みな自分が引き寄せたのだぞ。

相手を喜ばせようとして嘘を言うな。
言葉を飾るな。
無駄な話はするな。
意識と声と言葉が一致すると、大きなエネルギーとなる。
誰でもその力を持っておる。
それは破壊の力でもあり、
創造や愛の力ともなる。

一致した人間の声は力がある。

身魂を磨かんと、破壊に力を使い、
邪気を溜め込むことに力を使うようになる。
恐れる者は、ますます気を減らし、みじめな生き方になる。
それでは神代とは言えん。
進化とは言えんであろうが。
そのような人間の世を、元に戻さねばならん道理、
分かったか。

声を聴いてみよ。その人間の心根が分かるぞ。

ボタンひとつで世界は動くぞ。
人間同士でつながって、込み入ってしまった霊線を、
人から神へと付け替えるぞ。
身魂を磨けば、自ら付け替えることが出来るのぞ。
これが真理の通る道。真通理（まつり）じゃ。
分かったか。

イエスを十字架から降ろしてやれよ。

梅の巻

肉体をいじめるな

この世では、肉体が大切じゃ。
肉体を傷つけたり、苦しめたら、
守護神は、それだけのカルマを背負うのだぞ。

霊じゃ、修行じゃと申して、肉体苦しめてはならん。
仕事じゃ、金じゃと申して、肉体苦しめてはならん。
責任じゃ、義務じゃと申して、肉体苦しめてはならん。
子どものためじゃ、家族のためじゃと申して、肉体苦しめてはならん。
グルメじゃ、美じゃと申して、肉体苦しめてはならん。

肉体は悲鳴を上げておるぞ。

肉体の声が聞こえんか。
いじめてはならんぞ。
肉体は、心地よいのが好きなのじゃ。
天と通じておるのは御魂だけではない。
肉体もだぞ。

鍛えることが良いことのように人間は申しておるが、
楽しむ程度が天との調和ぞ。
とらわれの気は毒ぞ。
カルマ作るな。

ゴモク払い

身魂磨きをせよと申すのは、
これまでに溜めた感情や慾のゴモクがついておるからぞ。
身魂磨きの「身」とは食事を正すことだけではない。
そなたたちが生まれてからこのかた出さなかった感情、

押し殺した感情が、身体に溜まっておるのじゃ。

今の人間は、幼いころから「せよ」や「するな」で縛られておる。
芽を摘まれておる。
「泣くな」と言われて育った子は、悲しみの気が身体に溜まる。
「怒るな」と言われて育った子は、怒りを溜める。
欲しいものを手に入れられなかった子は、その慾を出し切れぬまま、
常に渇き、何でもむさぼる鬼となる。

その溜まったゴモクは、解放されん限り、
肉体のいろいろな部分にゴモク溜まりをつくり、
体内循環の障壁となる。
それが症状というものじゃ。

今、何も不便はないと思っていても、
固まった障壁は、不調和のエネルギーとなって、
じわじわと身体と心を蝕んでおるのぞ。
エネルギーは一定じゃ。

自分の中に隠し、静かになったと思い込んでおるのは、
自分だけじゃ。
エネルギーとして使わねば、自分を壊すことになる。

大人になるうちに、
身体が固くなるであろう。
肩や腰が痛むであろう。
呼吸が深くできんであろう。
眠っている間に歯ぎしりする者もおろう。
すべてゴモクじゃ。
エネルギーというものは変わらんから、
身体の内に溜めたものは、使われぬうちは残ったままとなる。
それを掃除せねばならん。

掃除の仕方を申すぞ。
へその下に意識を持っていけ。
どこにどんなゴモクがあるのか、その部分に聞くのじゃ。
すると、身体は気づいてほしい所を教えてくれるであろう。

肩が重くなったならば、
どんな荷を下ろしてほしいのかを聞け。
関節が固い者は、
我（われ）よしの考えや慾で固まっておる。
どのようなものが要らんのかを聞いてみよ。

そして、身体を動かして、
溜まったゴモクのエネルギーを発散するのじゃ。
怒りが腹にあると分かれば、
その感情を味わいながら布団でもたたくとよい。
拳を振り上げてもよいぞ。

恐れが胃のあたりにあると分かれば、
それを手で払いながら身震いさせてみてもよい。
悲しみが胸にあると分かれば、
泣きたくなってくるであろう。
泣くがよい。

心残りがないように、
そのゴモクのエネルギーを外に出すのじゃ。
気づくだけで、ゴモクが解消されるときもあるぞ。

エネルギーは使われるためにあるものじゃ。
使わんから溜まってゴモクとなる。
身体は正直じゃ。
聞くといろいろな形で応えてくれるであろう。
今までそのようなことをしたことのない者は、
身体の声を聴きにくいであろう。

何度も試みよ。
身体を大事にしろよ。
身体の声を無視してはならんぞ。
身体に詫びよ。
感謝せよ。
身体を伴侶とせよ。

人間界から地の岩戸開けよ

悪いことを見たら陰口せずに、
親切に気をつけ合って、仲良くするのが結構ぞ。
陰口は、自分では良いと思っておっても、
世を汚し、
己を汚すのだぞ。
陰口は悪のエネルギー、
身を汚すぞ。
ゴモクを作るぞ。

いよいよ時が来たから、説き出す人が増えてきた。
親の心を察して、子から進んでしてくれよ。
その心は幸あふれるぞ。

もの聞くのも良いが、
聞かん者、耳を貸さん者は星々の身魂ぞ。

聞いても分からん者も星々の身魂ぞ。
太陽直系の民は、親の心が映っておるのじゃ。
ひとりになって、己に聞いてみよ。
どんな世を望んでおるのか聞いてみよ。
自分の内にその心を知り、言われん前に行せよ。

不調和

世は神界から乱れた。
神界で善の気を司る神と、悪の気を司る神の気の動きが激しくなり、
まるで戦いのようなものであった。
それぞれの気が穏やかなときは、悪の神も善の神も互いに調和しておるが、
乱れておるときは、悪の神の力が大きくなり、
善の神がそれを鎮めようとする。
善の神の気が強くなっても不調和となる。
不調和となると、エネルギーの動きが激しくなり、
混乱が起こる。

今も乱れておるが、立て直しのための仕組みはできておるぞ。
神界が乱れると、現界も乱れると申したであろう。
世界だけでなく、
人間の心も乱れると、不調和となり、問題や病となる。

中を行く道だけが、調和を取り戻す。
神人の道じゃ。

人間界から世を立て直し、
地の岩戸は自分たちが開いて見せるという程の気魄を持ってくれよ。
地の岩戸は人間の心、
身魂の磨けた人間の数がそろうと開いてくる。

網の目を通じて世界中に広がるのじゃ。
そのような人間たちの気魄で、世界は幸わうのだぞ。
岩戸開けるぞ。

太古の岩戸閉め

太陽系を含む銀河系は、宇宙の中心を二万六千年かけて回る。
一万三千年ずつ、中心から離れ、また近づくという周期で動いておる。
離れていくのを夜の時代、
近づいていくのを昼の時代という。
夜の時代になると、自然に岩戸閉めが起こり、
人間たちの意識は眠りの時期となる。

昼の時代になると岩戸が開き、霊界、神界とつながり始め、
人間は目覚めることになる。

今の地球は夜の時代が終わり、昼の時代へと進んでおる。
本来なら自然に岩戸は開き、宇宙のエネルギーが入っていくが、
過去、昼の時代が終わり、夜の時代になりかけたころ、
地球に住んでいた星々の民たちが、
当時の科学で、次元の調和や大地を壊す惨事を起こしたのじゃ。

そのため、本来なら入ってこられん下位の次元から、
多くの邪霊が入ってきて、次々と人間に憑りついてしまった。
様々な存在たちが、その修復を試みようとしたが、
夜の時代となり、人間は次々に眠ってしまったため、
夜が明けるまで、数千年待つことにした。

ところが、開け始めたころ、
星々の民たちがフィラデルフィア実験、モントーク実験などを起こしたことで、
次元に不調和が生じ、
開きかけた岩戸は、また閉じねばならず、
人々の無意識に大きな混乱を生じさせた。

宇宙は明けつつある。
調和を取り戻すために、
開きにくい岩戸を開けねばならん。
そのためには霊界、神界の神々と、
身魂の磨けた人間たちのエネルギーが必要なのじゃ。
そして、二度と同じことが起こらんように、

今の世を一度は壊さねばならん。
分かったか。

日本の岩戸閉め

日本の上に立つ者に外国の教えを伝えて、
外国魂にしたのは、今に始まったことでは御座らん。
外国の性根を入れてしまったのが岩戸閉めであるぞ。

五度じゃ。
歴史を見れば分かるであろう。
日本の民が、外の文化に心を開いたときに閉まったのじゃ。
取り入れるなと申しておるのではない。
日本より価値があると信じ、
日本の文化、やまとの考え方をおろそかにしてしまった。
その心変わりが、岩戸を閉めたのじゃ。

それを元に戻すのであるから、今度の御用はなかなか大変ぞ。

中の枝からの神々様には分からんこと。
元からの神々様でないと分からんことぞと申してあることも、
納得出来るであろうがな。
この神示、肚に入れておれば、どのようなことがあっても心配ない。
早くから知らせてあるから心配ないぞ。
肚が座っておれば何事もうまく進む。

共食いと汚れ

日本には五穀、海のもの、野のもの、山のものと、
みな人々が食う物を作らせてある。
天国の食べものぞ。
食べる物を間違えるではないぞ。

日本人には肉類禁物じゃ。
今に食べものの騒動が激しくなると申してあること忘れるな。
共食いぞ。
人間に近いものを食うのは共食いぞ。

肉体は共食いを嫌う。
肉体を汚すからぞ。
四つ足に似てくるぞ。
四つ足の体の中のゴモクも一緒に食っておるのぞ。
考えや気持ちにもおかしな変化が起こるぞ。
ムからウになると申してあろうが。

質の離れたものを食え。
質の離れたものを喜びをもって調理し、感謝をもって食せよ。
共食いをしてはならんから、今から心を鍛えて、食べものを大切にせよ。
食べものを感謝する所へ食べものが集まる。
自然にやってくるのだぞ。

捨てるほど作るから、
食べ過ぎるから、
足らんことになること分かるであろう。
腹八分、二分は天地の神々にささげる心で食せよ。

慎ましくして、神に供えてからいただけ。
日本は日本で食べていけるのじゃ。
理屈に邪魔されて、有るものも無くしてしもうて、
食えなくなったのは悪の仕組みじゃ。

ただ神に心を開いて、
人間心で勝手なことをしたことを詫びよ。
自分の肉体にも詫びよ。
それより他に今は道なし。

日本とにほん

お土の軸が動いたら、
外国をにほんの地面にせねばならん。
今の列島は少ししか残らん。
日本と「にほん」と取違いするな。

「日本」は、人間が決めた国である日本、

籍のある日本人や国の仕組みのことじゃ。
「にほん」とは、
「太陽直系の民」の身魂を持った人間が住む地のことじゃ。
南の陸が、にほんになるぞ。
その時は別の名がつくであろう。
「国」はなくなるぞ。
遠い未来だと思うなよ。

何事も神の気が優先。
今では神を粗末にしたり、
軽んじることを申したりとスコタンばかりじゃ。
神と人間とに分け隔てあると思うのは、我で心に分け隔てを作ったからぞ。
夜の時代の名残ぞ。
まだ眠っておるのぞ。

世界中のそれぞれの国は、みな国の氏神様に守られておる。
世界中の人間はみな、神の代理人じゃ。

国々の氏神様よ、
いよいよ天の命令通りにかかりてくだされよ。
もう待たれんぞ。
世界の民は、みな泥海の中に住んでいるのじゃ。
泥海のような気の中に、何も分からんと住んでいるのじゃ。
世の元からの水を流して、清めてやらねばならん。

今の人間は、
泥水を泥水と知らずに喜んでおる。
始末に困るぞ。

清い水に住めん魚は、誠の魚ではないのじゃ。
心得なされるがよいぞ。

時節参りておる。天に梅の花咲くぞ。

空の巻

大峠に向けて

わたくしは悪も可愛いのじゃ。
悪の御用よ、御苦労であったぞ。
もう悪の世は済んだぞ。
悪の御用結構であった。
早く善に返って、心安く善の御用聞いてくれよ。

世界中に化物が起こしたような出来事が起こるぞ。
大峠じゃ。
人々の中にも化物出るぞ。
人々の中で静かにしておった邪霊が、狂って出てくるぞ。
よく見分けてくれよ。

取違い禁物ぞ。

肝腎の時に肝腎が成るぞ。
元は元、分かれは分かれ。
元と分かれ、同じであるぞ。
別であるぞ。
一本の木も枝に分かれておろうが。
それでも一本の木じゃ。
三千世界も同じぞ。

そなたたち、それぞれに分かれの集い、
いくつもの集いを作ってよいぞ。
目的はひとつぞ。
目的が中心。
人ではないぞ。
今までの宗教とは違うやり方でないと成就せん。
集いは教えの集いである。
集いは身魂磨きの集いである。

教祖は要らん。
教祖は神示じゃ。

人々の上に立つ人間よ、
下の下まで見届けておらんと、日本は潰れるぞ。
潰れる前に、そなたたちが潰れるのだぞ。
早く改心して、誠の政治を仕えまつれよ。
そなた自身の心も、
そなたたちの集いの仕組みも、入れものじゃ。
入れものに神が入るぞ。

昼の時代になるぞ。
入れものをきれいにしておったら、わたくしがよきに使う。
今の仕事に仕えておれよ。
人間の役目を忘れるではないぞ。
今度は世界のみか、
三千世界が潰れるところまで、行かねばならん。

静まれよ

困難が困難でなくなる道が、神の道。
理想じゃと申しておる道が、神の道じゃ。
神の道に困難はないぞ。
我が困難にしておるのじゃ。
この道は中を行く道。
偏りのない道。
調和のある道じゃ。

行いは正しくし、口は静かになされよ。
頭の中も静かになされよ。
我にとらわれておる者はよくしゃべる。
喋っておるうちは、我にとらわれておると思え。
喋ることで気が失われておるのぞ。

静まれよ。
さすれば、神の仕組みが分かってくるであろう。

神の心が分かった者は、口数が減るのじゃ。
これまでに何が無駄な話であったかが分かるのじゃ。
静まること、結構ぞ。

早合点禁物

因縁ある身魂が、普通の人間には分からんような結構なことを致すぞ。

一分と九分との戦いじゃ。
みな九分が強いと思っているが、
今度の仕組みは、大逆転の仕組み。
早呑み込みは、大怪我の元と申しておるのは、
そなたの心通りに映っておるからぞ。
そなたの心の鏡で分かったつもりになっておるからぞ。
中行く道が分かったら、
早呑み込み、早合点はせんようになる。

元のキの神の子、渡ってきた神の子、渡ってくる神の子、要るぞ。

為せば成る、為さねば後悔じゃ。

土の神様を金の神様と申せよ。
お金よりお土を拝め。
お土を大事にせよ。

神の御試し

これから夜の人間の学や智を頼りにしてきた者は、何も出来んことになる。
学や智では何も解決できんと申した。
今に世界から本当のことが分かって来て、慌てても間に合わんことになる。
今のうちによく肚に入れておけよ。

この道には、色々と神の御試しがある。
我の程度を試すのぞ。
どれだけ磨けておるかを試すのぞ。

腹が立ったら、

我が怒っておると思え。
恐れが出てきたら、
我が恐れておると思え。
傷つけられたら、
我が傷ついて、悔しがっておると思え。
それはすべて、磨けておらんから起こる感情じゃ。

外に恨みを持つようではならん。
磨いておれば、反応しなくなるぞ。
それが神の試しぞ。
乗り越えるのじゃ。
されど乗り越えて、慢心するとすぐひっくり返るぞ。
慢心は我よし、我正しじゃ。

満足もエゴじゃ。
考えでは分からん。
素直であれ。
素直に振り返れ。

中心に戻れ。
無垢であれ。
純粋無垢、結構ぞ。

学問の世は済んだ。
学者は閉口するぞ。
商売の世も済んだぞ。
商売人も閉口するぞ。
金もうけの世は終わるぞ。

ここは大切なところであるから、
しっかりと肚に落ちるように何度も申しておくぞ。
世の中の偉い人には、なかなか理解できんことじゃ。
耳も傾けたくないであろう。
されど身魂の因縁ある人間には、「なるほど」とすぐ分かるのじゃ。

九の花咲けば皆よくなるのぞ、九の花中々ぞ。
苦から花咲かせよ。

心が晴れんと花は咲かん。
晴れた空には蝶も舞うぞ。
咲かせた花に蝶が止まるぞ。

青葉の巻

時空

時空、次元を含めた光の世界の原理原則を書き知らせるぞ。

天は地なり、地は天なり、不二なり、アメツチなり
人は神なり、一体なり
神界、霊界、現界を通じ、過去、現在、未来を一貫して、
神と人との大和合なり

神界、霊界、現界の中に、
過去・現在・未来もすべてある。
本来、その中で神と人とが和合、融合するのじゃ。
されど、人は神と切り離されていると思うておる。

神は切ってはおらん。人が切ったのぞ。

そなたたちは、時空を超える体験ができるのじゃ。
身魂を磨けば、過去を思い出すと魂は過去へ行く。
今の人間は、脳の中の記憶を思い出しておるだけじゃ。

中心を保つことで、身魂が磨かれれば、
身体の欲求が浄化される。
次に怒りや恐れの感情が浄化されて
始めて愛と調和が起こる。
我慢や戦うことではないぞ。

そして、疑いから信頼へと思考が変化する。
そうなれば、時空を超える体験の準備ができる。
肉体と御魂を区別できる意識が育つのじゃ。
眠っておる遺伝子が目を覚ますぞ。

神人になれ。

信じきれ

神を信じておらぬものに伝えるぞ。
天地はひとつ。
神も人もひとつ。
分かれておるのではないと申した。
分かれておると思うのは、鏡が曇っておるからじゃと申した。
すべてがひとつで響き合っておる。

されど、どのようにしてつながるかが、分かっていないようじゃ。
簡単なことじゃ。
困難なことじゃ。

神と共に自分が存在しておる、生きておるのじゃと肚から信じよ。
試しでもよいから信じてみよ。

簡単じゃと申すが、それは頭で理解しているだけぞ。
頭で分かっていても、信じ切っておる人間は少ない。

それは多くの人間が、
神は別のところにいると想像しておるからじゃ。
意識に力があることは申したであろう。
意識の力で、しっかりと想像するのじゃ。
肚に落ちると身体に革命が起きるぞ。
それが変容の兆しじゃ。

宗教も神は別のところにおるように伝えておる。
それが間違いの元じゃ。
これを読んでいるそなたのすぐそばにいるぞ。
共にいるのだぞ。
肚から実感すれば大和合となる。
そばにおると申しても別々ではない。
そなたの意識の中に、そなたの心の神殿に入れるのじゃ。
どんな些細な考えがよぎっても、神には分かっておる。

そなたの意識の中に、
わたくしがおると想像してみよ。

そなたが神の身体の中におることを思い出せ。
心の中で話しかけてみよ。
神には伝わっておるぞ。
実感するまで試してみよ。

本来、昼の時代の人間は、そのようにして神と和合しておった。
何度も言い聞かせよ。
肚に落ちた人間の数が達すれば、
世界中の人間が和合できるようになる。

宇宙から、神からのエネルギーが常に入り、
無条件の安心と愛に満たされるようになるのじゃ。
孤独はなくなる。
何を得ても満たされぬ気持ちは、
神との和合ができていない印ぞ。

ひとり一人が満たされると、
霊界と現界との大和合となり、
現界、霊界、神界が一体となり大和楽となる。

それでも信じられん者は、とことん疑え。
すべてを疑え。
その疑いも疑ってみよ。
エゴの正体が分かるぞ。
疑いは、とことんまで行くと信頼に変わる。
それも掃除となるぞ。

この神示は、大和楽の光の国の実現を目的にして教えよ。

三大実践

信じておる者たちの実践を書き知らすぞ。
三大実践。

それは、弥栄実践、祓い実践、まつり実践じゃ。

弥栄実践とは、
光の国に住める人間になると決断することから始まる。
八分程度の決断ではないぞ。
完全なる決断ぞ。
そして、成長、成熟、覚醒を目指すと決めるのじゃ。
自分の中にその可能性があると、
常に信じた生活をすることじゃ。
可能性を信じぬ者に弥栄実践はできん。

意志の力は強力じゃ。
一分でも疑うと弱まる。
信じることじゃと申しておるが、信じるのではない。
本来、そなたたちの御霊は知っておるのぞ。
知っておると思えんのは、
我に支配されておるからじゃ。眠っておるからじゃ。
思い出せよ。

思い出すために清めよ。

日々の仕事や家事など、一つひとつを丁寧にせよ。
その中にある学びを得よ。
喜びを見つけよ。
真を見つけよ。
心を込めて行え。
神と共に行っていると思え。
何をしていても、光ある御代が作られていると思え。
その心持ちが天界との霊線をつなぐ。

祓い実践を申し伝えるぞ。
祓いの実践とは、
我から離れることじゃ。
人間は、気づかぬうちに我やエゴにとらわれる。
我はそなたの周辺と申した。
中心が御霊ぞと申した。

人間の身体に入っている以上、我を取り去ることはできん。
身体に備わったものであるから仕方あるまい。

じゃが離れることはできる。
離れると弱まる。
慾や感情が自分のものじゃと思っておるから、離れられんのぞ。
そなたの心にある感情や慾を離れて見てみよ。
それを観察してみよ。
中心から観察してみよ。
そのとき、良いだの悪いだのと判断してはならん。
中行く道と申したであろう。

中心にある御霊は、良いも悪いも判断しておらん。

許せんことがあっても、御霊は誰が悪いなどとは思わん。
そなたが鼻高になっておっても、ただ見ておるだけじゃ。
喜んでおるのは周辺の我じゃ。
怒りも恐れも心配も満足も、あらゆる慾と刺激された感情は、周辺に起こる。

中心の御霊は、その反応を観察しておるだけじゃ。

その観察を日々行っておると、
ゴモクは払われ、我から遠ざかり、身魂はきれいになり、
中心に意識があることが当たり前となる。
そうなると神の気に満たされ、
何があろうと、大いなる安心、安定と愛に包まれる。
それが磨けたということじゃ。
祓い実践じゃ。

大事なことは、今この瞬間も、
周辺に意識が移っていないかどうかと、常に己の心を監視することじゃ。
自分は大丈夫じゃと思えば、エゴにとらわれておる証拠ぞ。
まだまだじゃと己に鞭打つのも、エゴにとらわれておるからぞ。

謙虚とは違うぞ。
誰かと比べておるのはエゴぞ。
嫌な感情で身がざわつくのは周辺ぞ。
それが見極め方じゃ。

中行く道を生きるとは、
そのどちらにもならず、
評価せず、
どちらも意識せず、
ただ今を大事にすることぞ。
これが祓い実践じゃ。

まつり実践は、まつろうこと。
静かな時間を取り、神に話しかけよ。
そなたの声は、神には聞こえておると申した。
心で思うこともすべて、神に届いておる。
神の声を聴こうと焦るではないぞ。
焦るとエゴにとらわれ、邪霊がやってくる。

心静かでおれ。

神の声は穏やかじゃ。
まるで、しずくが水面に音もなく落ちるように、
心に降りてくるものじゃ。
されど、水面が波立っておれば、
ひとしずく落ちたとて分かるまい。
水面の波立ちは我から来るのだぞ。

鏡のような水面であれ。
思考を止めよ。
心静かであれ。
それが常となると、口も静かになる。

弥栄の世へと進むエネルギーは、
大宇宙から片時も留まることなく流れておる。
その波に乗って、宇宙も星も生き物も進化していく。
それは寸分も休むことなく進められている。

それを滞らせておるのが人間の我(が)であるぞ。
人間よ、夜は明けたぞ。
宇宙の流れ、神の意志を止めてはならん。
弥栄が神の御意志だぞ。
神の働きだぞ。
弥栄は実践ぞ。

人として、その一瞬、一瞬に弥栄を思い、
弥栄を実践していくのだぞ。
宇宙の総ては神のキだぞ。
どんな大きな世界でも、
どんな小さい世界でも、
全てのものは、ことごとく中心に統一されているのだぞ。

神々の中心、宇宙の中心ぞ。
そなたも自身の中心に意識を向けよ。
そこには何もない。

何もないがすべてがあるところ。
神とつながるところじゃ。

神と和する者を光の存在といい、
それに反する者を闇の存在という。
人々がことごとくマツリ和し、
神界、霊界、現界の大和合を実践していかねばならん。

天地の大祓い

天地の大祓いは雨じゃ。
雨は大気を、大地を浄化しながら天地と調和しておるのぞ。
国も清めねばならん。
人も清めねばならん。

雨が降るたびに、
己が清められているのだと意識し、
身魂を清めよ、雨に和合せよ。

雨が降るたびに、
国の過去の過ちや、大地に溜まった悪のキが、
清められていることを意識せよ。
自分たちが汚した大地にお詫びせよ。
これ以上汚すまいと身魂を清めよ。
雨に和合せよ。
大いなる天地からもたらされる雨に感謝せよ。
雨に喜べよ。

五つの清め

与えられた使命を果すには、心も身も清めねばならん。
清めには五つの行がある。
それを書き知らせるぞ。

ひとつめは省みること。
次に次にと進まず、立ち止まってかえりみてみよ。
エゴで動かされておった自分に気づくであろう。

そなたたちの意識が周辺にある限り、
エゴは止まれん。
頭も身体も口も耳も、常に動かそうとする。
そうすれば、省みる時間は無くなる。
悪の仕組みは、人間を止まれんようにすることぞ。

次は恥じること。
素直になれば、自分が未熟であったと分かり、慎み深くなるであろう。
それに抵抗したくなるのはエゴじゃ。
エゴは「我(われ)よし」を守りたいという慾で動くのだから、
慎み深くなることを嫌がる。
恥じること、慎み深くなることは、
エネルギーが無くなることじゃと信じておるからじゃ。
エゴのささやく声に耳を貸してはならん。

次に悔ゆること。
省みれば、「我(われ)よし」では、うまくいかんかったことが分かるであろう。
どこかにしわ寄せがいってしまったことで分かるであろう。

それを悔ゆるのじゃ。
悔ゆることは自分を罰することではないぞ。
罰してはならん。
罰は人間の社会が作ったものじゃ。
神は罰など与えん。
静かに悔ゆれば良い。
悔ゆることで同じ間違いをしなくなれば良いのじゃ。

次に畏れること。
神の力と働きを知ると畏れるようになろう。
人間の知恵や力では成しえぬことに、神の働きがあると分かる。
人間だけでは種ひとつも作れん。
雨も降らすことはできん。
大いなる力を持つ神を畏れることじゃ。
畏れることは、恐れることではないぞ。
はかり知れぬ力を恐れるほど尊ぶことじゃ。
勘違いするな。

ただし、自分の中に、いつの間にかやってくるエゴの支配には、
恐れることが大切じゃ。
エゴに支配されると神とのつながりが切れ、
邪霊がつながろうとすると申した。
それを恐れよ。
自分は大丈夫などと慢心せんことじゃ。

最後は、悟ることじゃ。
神と人とが共に生きること、
現界に神の世を作ること、
神人がその住人となる世を作ることが、
何十万年もの間の人間の使命であったと悟れよ。

そのために与えられた生命だと悟れよ。
現界は神だけでは何もできん。
人間だけでも何もできん。
神と人とが、共にその使命を生きることしか成せん。
目の前のものをよく見なされよ。

そこに神の働きがあることを学べよ、悟れよ。
悟るために理解が要る。智が要る。
それを求めよ。

この五つの行をして、みそぎ祓いを実践せねばならん。
伝えるお役の人間よ、
今の世に、良きように説いて伝えてくれよ。

先ず七人、それぞれが七人に伝えたら、
四十九人、そして三百四十三人、
そして二千四百一人の信じる者を早くつくれよ。

信じる者は光ぞ。
それが出来たら神の足場が出来る。
信じる者が現われたら、
まずは、各々が自分の生まれた土地の神様に感謝するように伝えよ。
次に信じる者同士で、
自分の暮らしておる国の神様に感謝せよ。

世に光が来るぞ。

アジア足場ぞ

三千年の不二は晴れたり、岩戸あけたり、実地じゃ。

足場つくれ。
学びの集いをつくってくれよ。
教祖は要らん。
みなで学び合ってくれよ。
三千の足場を作ったら神の光が出る。

アジアが足場ぞ。
アジアには太陽の民の遺伝子を持つ者が多い。
学びを求めておる人間は、どこの国にもいるぞ。
何より足場第一。
足場が無くては何も出来んことは人間にも分かろうがな。
大人数は要らん。

小さな集いをたくさん作れよ。
それが世界の民の会ぞ。
二人でやれよ。一人でしてはならんぞ。

あなさやけ、あな清々し

変な人に気をつけよ

変な人が表に出るぞ。
変な人とは、
表に出たがる者、
場を牛耳ろうとする者、
金もうけをしようとする者、
急(せ)いて広めようとする者、
自分に神が伝えてきたと言う者、
人の為と言いながら、たくらみを秘めておる者じゃ。
出てきたら気づけよ。

この道開くには誠じゃ。
誠とは喜び事じゃ。
喜び事は美しい。
真理を通す道。
あなうこと。
身魂を磨くこと。
命の源を守ること。
結びじゃ。
すべての和合じゃ。
分け隔ては人間心、神に分け隔て無しと申した。

何が何だか分からん内に時節めぐって元に返る。
振り出しがやってくるぞ。
富も名誉も学も関係なく、みな一様になる。
みな裸の一人の人間になれよ。
されば喜び来るぞ。
宇宙の理じゃ。
小さい事も大きい事も、

みなそれぞれに御役を勇んで仕えまつれよ。

自分と和合せよ

分け隔てなく一致和合して神に仕えまつれよ。
先ず自分と自分とを和合せよ。
和合しておらん人間ばかりじゃ。
自分と自分が戦っておろうが。
思っておることと口で言うことが違っておろうが。
心の中でも様々な自分が戦っておろうが。
それは、我(が)という周辺ばかりで考えておるからじゃ。

周囲を気にするな。
恐れるな。
自分を許せよ。
本来の自分の中心に戻れよ。
中心に戻ると我(が)を理解できるようになるのじゃ。
我(が)のままに生きることが、本来の自分ではないぞ。

御霊の意識となり、神を迎え入れること。
それが和合の第一歩ぞ。
アメツチ心じゃ。すべてはひとつ。

どんな小さきものにも価値がある。
大宇宙は、大きものも小さきものも、すべて関わり合い和合しておる。
すべてはそこから生れ来るものなのぞ。
青葉芽吹くぞ。

八月ぐらぐら

海の巻

海の巻書き記すぞ。
神とまつろうこと、身魂を磨くこと、海のように深い。

善悪、取違いするな

人間界の御教えは、
悪を殺せば善ばかりの輝く御代が来るというが、
これが悪魔の御教えぞ。
この御教えに人間は、すっかりだまされ、
悪を殺すことが正しきことじゃと信じるようになった。
愚かなことよ。

振り返ってみなされ。
三千年の昔から幾千万の人々が、
悪を殺して人類の平和を求め願おうとも、
それははかなき水の泡であった。

悪を殺しても殺しても、
焼いても煮ても、
悪は益々増えるばかりであったであろう。
悪を殺すというその考えが、
悪そのものじゃと気づいてくれよ。
何かを憎めば、
その怒りのエネルギーが悪の餌となって、
次の悪が生まれるのじゃ。

神の心は弥栄えぞ、光ぞ、愛ぞ。
本来、悪も善もない。
ただ御光の栄えるのみ。
悪があるから善がある。

悪があるから善が分かるのぞ。
善だけでは何もないのと同じではないか。
学びも進化もない。

悪を憎む心は悪じゃと申しておろう。
悪抱きませ。
善も抱き、
悪も抱き、
融け合うところに御力の輝く時が来る。
善を活かさねば悪になる。
悪を抱き、
悪から学び、
善の糧とするのじゃ。

善悪一体なりと申しながら、悪と善とを区別して導く道は悪なるぞ。
ただ御光のその中に喜び迎えるは、善も悪もなき天国。
みな一筋の大神の働きなるぞ。
悪はない。

生まれ赤児となり、
誠の道に弥栄えませ。

だましの世

だました岩戸からは、だました神が出てきて、嘘の世となった。
嘘の世では、
だましてうまく事が運ぶと思う人間が増えるぞ。
嘘やごまかしがまかり通る世ぞ。
この道理分かるであろう。

政治もだまし合いじゃ。
商売も客をだましておろうが。
身体によいとだまされて、
おかしな薬や食べものを摂っておるではないか。
教育も子どもたちに本当のことを伝えておらん。
だまし方を教えておる。
教育ではなく調教じゃ。

男も女もだまし合っておろうが。
だますとは、心と口と行（ぎょう）がそろっておらんことぞ。
だまされておることも分からず、
真実じゃと勘違いしておる人間、多いのぉ。

誠を知ること、
誠に生きることはそれほど嫌か。
何を恐れておるのじゃ。
だまされておることも知らず、
上の者や多数になびく人間がなんと多いことか。
責任逃れをしておるつもりか。

これまでニセ神やら、だました神やらで、
次々に五度の岩戸閉めとなったのじゃ。
こうして神と人間とのつながりが切れてしまったのじゃ。

世界の中心はやまとの地。

神の意識と身体の国ぞ。
神のおひざ元ぞ。
おひざ元で神とまつろう人間を増やし、
地場を固めなならん。
何も分からん無茶苦茶な者が偉そうな名の神懸かりをして、
何も知らん人々をたぶらかしておるが、
今にしっぽを出して来るぞ。
化けの皮がはがれるぞ。
その前に考えを改め、神の道に従っておくれ。

幽界行きになるな

神は人間には見えんから、頼りないものじゃと思うておろうが、
本当は頼りになるのであるぞ。
我で生きようとする者は幽界行きと決まっておる。
幽界とは我が強く、執着のある人間の魂が住むところ。
怒り、恨み、慾、恐れ、疑いに取りつかれ、それを払うこともせず、
いつまでも神と和合できん魂が行くところぞ。

身魂を磨けば、神が見えるようになる。
感じられるようになる。
声が聞こえるようになるのじゃ。

「神が姿を見せれば信じてやる」と申す者は多いが、反対ではないか。
信じれば見えるようになるのぞ。
見えずとも分かるようになるのぞ。

我（が）はいつも自分を中心に考えるから困る。
もし神が人間に見えるように姿を現わすならば、
それは神ではなくなる。
車輪が回っておるから、自転車は動くのであろう。
動いているときは、見えぬであろう。
動くと車輪は見えぬが働きは分かる。
それと似たようなものじゃ。

時節来ておれど、人間心で急ぐではない。

急ぐと失敗するぞ。
一人でも多く助けたい親心。
汲み取ってくれよ。
申すことに耳を傾けてくれよ。

地に天国が出来るのじゃ。
地が神の国になるのだぞ。
天の神、地に降りなされ、
地の神と御一体と成りなされる。

そなたたちは、肉体のことは何とか分かるであろうが、
魂のことは分かるまい。
眠っておる者は分からん。
魂は神の気じゃ。
永遠に神の気は生きているのじゃ。

我と御魂

神の気である御霊は、
それぞれ分かれて人間の身体に入った。
分かれたそれぞれの御魂が、
人間の身体で体験を通じて、学び悟ることが目的じゃ。
そして、各々の目的を果たしながら、
現界を天国にする目的も持っておる。

この地球が天国となれば、他の惑星にも影響を与える。
みな、ひとつなのじゃ。
御魂は、その役目を務められるように、
人間が迷ったらそっと背中を押す。
人間が我に走ったら、
御魂はただ見ておる。
我に走ると、御魂の伝えることが分からんようになるからじゃ。
その時は、ただ見ておる。

御魂の使命は、

社会で成功することとは違うと分かるであろう。
成功は我が目指すもの。
身魂が磨けた人間は、
周囲の我で生きる人間が何と言おうと、
社会の枠組みから離れようと、
御魂の声を聞き、神の意志を生きる。
その者たちは幸せじゃ。

我で動く人間は、いつも飢えておる。
天との霊線が切れておるから、
我で満たされても一時じゃ。
人間が欲しがる名誉、権威、お金、承認はすべて、
飢えた我が求めるもの。
我に使われておる人間の姿じゃ。
名誉、権威、お金にすがるな。
神にすがれよ。

本来我というものは、使うもので、

使われるものではないと申したであろう。
そなたの御魂の声が聞こえるように、
鏡を磨いてくれよ。
思い出してくれよ。
そして神とともに生きられるようになってくれよ。

このこと、知っておる人間はおるなれど、
頭で知っておるだけの人間が多いぞ。
理解はしておるが成ってはおらん。
理解と成るは違うのじゃ。
成ろうと決断できぬ者が、
知るだけで済ませようとする。

神とまつろう暮らしをしておる者、少ないぞ。増やすぞ。

黄金の巻

世界の民であれ

日本人よ、「日本が」「日本が」と申しておるが、
小さい「島国日本」に捉われておるぞ。
「世界の日本」と口では申しておるが、
その者たちの中で、生き返る者八分ぞ。
大峠でやっと改心する者たちじゃ。
二分は下の次元の地獄界でやり直しじゃ。

八分の中の八分は、又次の世に生き返る。
新しい御代で転生が続く。
されど、このままでは生き返っても日本に捉われる。
おかしな世界を終わらせる「終わりの仕組み」は、身の終わりぞ。

骨なしになっておる日本を、まだ日本じゃと思って目覚めんか。

見回してみよ。
社会の仕組みや規則や教えなどと、
古いことばかり守っているぞ。
作るばかりで要らんものがたくさんあるではないか。
神から見れば古いことを、人間は新しいと思っておる。

新しいやり方じゃと申し、すぐに取り入れる。
それが外国から入ってきたものならなおさらじゃ。
じゃが、それらはすべて、
古い発想からこしらえたものばかりぞ。
地球にあるものを壊し、こね回して作っているばかりぞ。
そのやり方が古いのじゃ。
壊して使うのは夜の世のやり方。

進化とは何かをよく考えてみよ。
頭はそのために使うものぞ。

その考えにみなが参加することぞ。
今の人間はますます退化しておる。
反応だけの人生を送っておる。
眠っておるぞ。
目を覚ませよ。
見えんものから見えるものまで、
自分の枠を取り払って大きな目で見よ。

神は生命、大宇宙の秩序。
秩序は法則ぞ。
為せよ。考えよ。
為すには先ず求めよ。
神を求めよ、己に求めよ。
求めて理解した後、為せ。
為して省みよ。
そこに神の生命が息づくぞ。
栄えるのだぞ。

日本を捨てよ

今までの日本の宗教は日本だけの宗教。
この度は、世界の元の三千世界の大道じゃ。
教えではない。
真理じゃ。
八分の二分は、まことのやまとの民。
やまとの民とは世界の民のことじゃと申した。
日の本の御魂を持つ世界の民ぞ。
忘れるな。

一度日本捨てよ。
捨てると日本を摑めるであろう。
改めて大切であることが分かるぞ。
日本を摑むことは、三千世界を摑むこと。
悪の大将もそのことをよく知っているから、
時が来たら天地デングリ返るのじゃ。

物の食べ方に気をつけよ。
物ばかり食べておるぞ。
生命をいただいておらん。
二分の人間、やまとの民よ、結構に生きてくだされよ。
喜びが神ぞ。

花咲かせよ

過去の失敗に懲りて用心深くなっておる日本の民よ、
慾を捨てると分かって来るぞ。
おかしな慾があるから見えんのじゃ。
誠の欲深になれよ。
イロハの勉強とは、日々の生活を神示に合わせること。
神示通りの生活をしてみよ。
その型を出せよ、出さねばならん。
分かった人ほど口は静かになる。

それまでに喋っておったこと、

いかに意味のないことばかりか。
それまでに考えておったこと、
いかに浅かったことか。
それまでの頭の中、
いかに外ばかりに向いていたか。
いかに騒々しかったことかが分かるのじゃ。
騒々しい心に神は宿れん。

鼻高の天狗が出て来ても三日天下、それも御役じゃ。
御役御苦労じゃなあ。
都合が良けりゃ立ち寄り、悪くなれば立ち去るような人間よ、
早く退いて見物しておれよ。
自分を持たず、
いつも周りが何と申すかをうかがいながら生きておる人間よ、
そのうち気の毒出来て慌てることになるぞ。
神に使われるのは一通りや二通りの苦労では出来ん。
宗教による者のみが天国に行くと考える者、

自分の教会のみ天国に通じると思う者は、みな悪の使者ばかり。
迷うなよ。
迷いは慾があるからじゃ。
素直に理解し体験することのみが財産ぞ。
神示が肚に入ったら、それでもうよいぞ。
去って花咲かせよ。
そなたの花を咲かせよ。

直日(なおひ)の御霊

神に言われる間はまだよい。
神との綱が切れたら沖の舟と同じじゃ。
されど信じる人間よ、神を信じつつ迷信に落ちておるぞ。
日本の国の身魂が曇っていること、あまりにひどい。
外国の曇りも同様ながら、筋は通っておる。
外国は幽界人が多いから、
幽界としての筋が通っておるということじゃ。

やまとの民よ、幽界の筋で動くではないぞ。
神界の筋を通すのじゃ。
幽界の筋で作った社会の型にはめると、動きがとれんことになるぞ。
型を外せと申してあろうが。
夜の時代の人間の作った型は窮屈であろうが。
社会に適応せねばならんと言いながら、喜びをなくしておるぞ。
喜びのない社会で成功する人間は、喜びを知らん人間じゃ。

規則に従わねばならんと言いながら、考えんようになっておるぞ。
人々のための規則が、
上の人のための規則になっておるではないか。

神を見ず、上の人ばかりを見て、
自分の手足を切ったり、縛ったりしておるではないか。

型せよと申しておるのは、
神界の型を人間界に作れということじゃ。

自分で自分を監視してみよ。
神のための儀式だけでも迷信、
人の為の儀式だけでも迷信。
二つ行っても迷信ぞ。
やっても意味がない。
神と人間がつながる儀式こそが真の儀式ぞ。
それを毎日の生活に取り入れることじゃ。

顕斎、幽斎を外としてまつるのが大祭りであるぞ。
まつるから神と融け合うのではなく、
溶け合うことを祭りとするから溶け合うのぞ。
もともと神と人間が一体であれば、祭りは必要ないのであるが、
人間はすぐに忘れるから、強化するために祭りをするのぞ。

荒(あら)、和(にぎ)、幸(さち)、奇(くし)、ミタマ統べるのが直日の御霊。
疫病や禍(わざわい)など荒々しい神の御業、
やさしく穏やかに和す神の御業、
流れに乗って幸せを与える神の御業、

奇跡によって幸せを与える神の御業、
それらをひとつにするのが直日の御霊ぞ。

これまで、霊界で分かれておった光と影の神々が、
それぞれに現界に現われておられたが、
神々ひとつになりなさるぞ。
ひとつになる御働きが直日の御霊。

身魂の磨けた人間にはそれが分かるであろう。
分かることで霊界の御働きの力が増すのじゃ。
これまでバラバラに働いていたたくさんの御霊を、
ひとつにするのが「みすまる」の霊魂ぞ。
その中心は影と光を司る神の気。
それが備わる人間が要るのじゃ。

このたびは、直日のみでなければならん。
神を信じ、悪魔を嫌うようではならん。
善を尊び、悪を退治しようとするようではならん。

光をもって闇を抱けよ。
光をもって闇を包み込めよ。
それが直日月の御働きとなるぞ。
さすれば、神界、霊界、現界がひとつになりて、
ひとつに和して働くようになるのぞ。

食べものに気をつけよ。
凝ったものは食うな。

感情の力

信仰は感情。
信じることは感情ぞ。
信じると心が開き、感情が生まれる。
感情が生まれると、その気がものを動かす。
頭の信仰では役に立たん。
感情が生まれんであろう。

真理を信仰せよ。
心からの愛を真理に向けよ。
真理を愛せよ。
人間の感情は霊界、神界にまで伝わるのぞ。
感情は宇宙に伝わる言葉。
考えが感情を生み出す。
美しく考えよ。
愛が生まれるぞ。

飢えた人には食べものが必要なように、
迷える人には神の愛を与えよ。
与えても疑う人ならば、真の気はいただけん。
疑いは、神とのつながりを切り離す。
食べものを疑って拒むようなものじゃ。
それでは飢えはおさまらん。

神よ、勝て。
神よ、本来の役目を果たせよ。

人間よ、勝ってはならん。
人間が勝とうとすると、我に力を与えるようになる。
我の力を信じるな。
我の力は無力ぞ。

神示をカスとせよ

口で知らせることで分かる人には分かる。
大切なことは心に、
身体に訴えておるぞ。
多くの人々は天狗であるから、軽く見るのじゃ。
軽く見ておるから分からんのだぞ。

本来、神示は要らんのじゃ。
神示はカスじゃ。
神示が理解できたらカスになる。
神示は食じゃ。
身についたら、あとはカス。

カスになるまで身につけてくれよ。

みな、御魂が自分の中心であることを見失っておる。
御魂があることすら分かるまい。
我で生きておるからじゃ。
直日御霊の集いが出来上がらんと人間には分からん。
仕上げくだされ。
心で悟ってくだされよ。

口で言うだけで分かれば、すぐに実地に出さんでもよい。
今は、身魂磨きをする人間たちの集いを作ることから始めよ。
その人間たちに各々の仕事を心を込めて行うよう伝えよ。

この世界に焦って天国を作ろうとする必要はない。
無理にやると我が出るぞ。
我が出ると邪霊がやってくるぞ。

この道理、よく悟ってくれよ。

今、実地に出しては人々が誤解したり、
迷ったりして可哀想なことになるから、
堪えに堪えて、くどく申しているのじゃ。
分かったか。

平等愛は差別愛

いくら腹が立っても、怨みは怨み。
「それでは理屈に合わん」と申していると飛んだ目にあうぞ。
己の心に悪の芽を育てるからぞ。
今までの教えでは成り立っていかん。

平等愛とは、差別愛のこと。
もともと人間は御魂の質が違う。
血の系統と魂の系統があると申したであろうが。
そのうえ、この世に生まれたお役も違う。
生まれた後の環境も能力も違うであろうが。
それを考えずに一切平等というのは、

悪平等じゃと申すこと、分かるであろう。
平等愛とは、神の意識に立って世界を愛の目で見ることじゃ。

それも分からぬ人々の「公平」と言う声にだまされるなよ。
人間は不足があると不公平じゃと申す。
足りておれば、他の人間が不公平でも口を閉ざす。
公平じゃと申しながら、影で不公平を作る者もある。
考えを改めよ。

多数決

多数決で決めるではないぞ。
多数は群集心理。
群集心理は一時的な邪霊の憑きものぞ。
あとでおかしいと思うことがあろうがな。
思わん者は憑かれているのだぞ。
それを利用して、人間を操る上の者や商売人はたくさんおる。
数にだまされるなよ。

みなが言うからと申して自分を曲げるではないぞ。
上から乱れるから下のしめしつかん。
我よしのやり方では世は治まらんぞ。

金

世界中の人間よ、みな、心せよ。
金を持っておれば良いように思っておるが、
金はめぐりそのものだと分からんか。
めぐりは、その金に付いた人々の慾や感情ぞ。
人々の中を回ってきた金には、人々のめぐりがついているのじゃ。
今手にしておる金が、どのようにして自分のところへ来たのか想像してみよ。
めぐりだらけであろうが。
そんな金をため込んでおると、
悪い影響が起こるぞ。

ますます慾が強くなり、

疑い深くなり、
嫌な気持ちにとらわれて、妙なことが起こるぞ。
お金は早く使えよ。
使えば使うほど回ってくるぞ。

女のお役目

家が治まらんのは女が出るからぞ。
出るなと申しておるのではない。
外に意識が行き過ぎておると申しておるのぞ。
家が治まるということは、
家の中に信頼と慈しみの気が満ちておることじゃ。
女の心が安らかで暖かくあればそれがかなう。
その気が満ちれば、
家の者は愛に満たされ、活力が生まれるぞ。
その気があることで、女は感謝されるのぞ。
家は女が中心ぞ。

されど支配ではない。
支配は悪じゃ。
支配すれば家ではなくなる。
牢獄ぞ。
女が外で仕事をしておっても、
家に明るい気を生み出せる女もおるであろう。
そのような女は仕事でも地域でも和することができる。
そのような女の周りに人が集まるのじゃ。

女よ、夫を立てよ。
立てるとは下になることではない。
支配と服従ではないと申したであろう。
立てることは活かすことぞ。
励ますことぞ。
育むことぞ。
育み合うことぞ。
それが家族の調和となり、それぞれの力が発揮できるということぞ。
女にしかできんことじゃ。

天界に住む者、
ひとり一人の力は弱いが、和すから無敵ぞ。
幽界に住む者、
ひとり一人の力は強いが、孤立するから弱いのぞ。
今の世は、幽界の世。
女の真の目的を思い出せ。
本来の力を出せ。
愛の力を出せ。

さすれば、多くの者の意識も調和へと向かう。
女は男を立てろ。
男は女を敬え。
仲よく和してやれと申す道理分かったか。
そなたは何万年の源から生まれた結果であるぞ。

カルマ

めぐりと申すのは、自分のしたことが自分に廻って来ることと申した。
カルマともいう。
カルマは自分で作ったものじゃ。
他を恨んではならん。

ひとつの人生で起こるだけではないことは知っておろう。
前世から引き続いたカルマもある。
人を変えて似たような出来事が起こるのは、
カルマが解消されていないからじゃ。
神の罰ではない。
宇宙の法則じゃ。

今の人生でもカルマを作っているのだぞ。
人を恨む前に、
己を責める前に、
からくりを考えなされよ。
そなたの中にあるものが原因ぞ。

怒り、恨みを溜めておると、ますます溜まるような出来事が起こる。
人を粗末に扱っておると、粗末に扱われることが起こるぞ。

相手に恨みをぶつけてもならん。
溜めてもならん。
それは、低次の心ぞ。
怒りは純粋なエネルギー。
そのエネルギーをどのように使うかで波動は変わる。

身魂を磨いた人間に怒りをぶつけても刺激されん。
我慢しておるのではない。
相手に慈悲を感じているのじゃ。
ゴモクとして怒りの種が残っておれば、
怒りを怒りで返す。

心の中にあるめぐりの元を探せよ。
それはそなたの影ぞ。

影をなくそうとするなよ。
影に光を当てるのぞ。
影の奥にも影がある。
それが身魂を曇らせておる。

少しでも腹が立てば、
目を閉じて、それに光を当てよ。
意識を中心に持ち、それを眺めるのじゃ。
怒りはあれども、
怒りは自分そのものではないと言い聞かせるのじゃ。

めぐりは悪いことだけではない。
自分も人も神も大事にしておれば、
喜び合うことが起こるぞ。
喜びのめぐりとなるぞ。
嬉し嬉しじゃ。

美の門

美の門から神を知るのが一番の道。
芸術が神の道に入る道。
芸術とは人間の作ったものではない。
神の作った大自然が芸術ぞ。

小道に咲いている草花、
風に揺れる木々、
雲をたたえる山、
大地を清める雨の音、
生命を生む大海と波、
空を飛ぶ鳥たち、
大地で暮らす生き物たち、
身体の中の小さな生き物たち、
すべて天と地に調和しながら生きておる。

この世にあるものは、すべて人間には作れん芸術じゃなあ。
それをせっせと壊すではないぞ。

わざわざどこかへ行くよりも、
自分のまわりに美を見つけてごらんなされ。
草一本にも感動するぞ。
雲一つに美があるぞ。
この道理分かるであろうが。

一人の王、御出まし近くなったぞ。

魂入れよ

裏の仕組みに神を入れると表の仕組みとなり、
表の仕組みに人間を入れると裏の御役となる。
神を抜けば、御魂を抜けば、悪のやり方となる。
どの仕組みも分かっておらんと、
三千世界の先々まで分かっておらんと、何事も成就せんぞ。

男女の愛

男女関係が世の乱れの原因であるぞ。
男女はお互いの魂の磨き合いであるぞ。

女は男の魂、男は女の魂と申したであろう。
自分の中で育てるはずが相手に求めておる。
それを恋と申しておるが、それが世の乱れとなっておる。
お互いの魂を磨き合う関係ではなく、
相手に求めあう関係になっておると申したであろう。

人間の恋愛関係は長く続かん。
権力争いになるからぞ。
与えるより相手から奪おうとしておるからぞ。
自分の魂の鏡としての相手がおるのに、
相手しか見えておらんと、
そのうち相手に自分の影を見るようになるぞ。
それで不足が出てくるのぞ、醒めるのぞ。

本来の愛ある関係を目指して、
男は自分の中の女の魂に気づけよ。
女に優しさを求めるのは、自分の中に優しさが足りんからぞ。

女は自分の中の男の魂に気づけよ。
男に頼もしさを求めるのは、自分の中に依存する気持ちがあるからぞ。

相手に求めて甘え合うなよ。
自分の中で両者を統合せよ。
それが内なる神とつながる道じゃ。
さすればひとりでいても、
内なる静かさと安定で喜びある生活ができるぞ。

今は、性の波動がますます低下しておる。
それを商売にしておる者もたくさんおれば、
それに操られておる者もたくさんおるからぞ。

恋は愛の最初の段階。

恋は感情じゃ。どんな感情もやがて薄れる。
薄れたから愛が無くなったのではない。
恋という感情が無くなっただけじゃ。
感情が薄れたからと申して理屈をつけて別れ、また別の者に恋をする。
男女の乱れは、感情だけの恋で終わらせるからぞ。

愛は理性じゃ。
初めからあるものではない。
育てる決意があって愛は育つ。
愛は育てる意志を持った人間に備わるものぞ。

恋の次元から高めていくことが肝要じゃ。
高まると世界の見え方が変わる。
相手だけでなく、人間を愛する、
生きとし生けるものを愛する、
その世界を作った神々を愛する、
それらの中で生かされていることに感謝が生まれるのぞ。

人間の意識が高まると、男女の乱れはなくなる。
性の気は、聖なる気となり、
肉体から心へと、そのエネルギーは変化する。
男女お互いが、聖なる存在だと認め合い、
神と和する働きをするのであるぞ。
人とつながってエネルギーを奪おうとするな。
神とつながって至福と安定のエネルギーをいただけよ。

人間も聖なる気、
聖なる存在としての男女であることを分かってくれよ。

邪魔するな

因縁のある身魂が集まって来て、人の出来ない辛抱して、
世界の立て替え立て直しの御用致すのであるから
浮いた心で来るなよ。
参って来ても役に立たん。
邪魔ばかりじゃ。

因縁の身魂は、どんなに苦しくても心は春じゃ。
神示を読んで心が勇まん者よ、
馬鹿らしいと思う者よ、
遠慮要らんから、さっさと帰ってくだされよ。
神は機嫌取りは御免じゃ。

縦と横

愛の人間は深く、智の人間は広く進む。
経と緯であるぞ、縦と横であるぞ。
深い愛は、
何を見ても愛の目で見て、愛の心で包む。
広い智は、
偏見を持たず、曇りのない心で智を求める。
学ではない。

二つが織りなされ、結んで弥栄える仕組みじゃ。
縦のみでもならん。

横のみでもならん。
そなたの中に愛を育てよ。
育てる意志を持てよ。
そなたの人生に真理を求めよ。
智を探求せよ。

この世に生まれたなら、
この世の御用をせねばならん道理。
この世に生まれても、
この世の行をせんならば、生まれた時より悪くなるぞ。
草木より役に立たん者となるぞ。
草木に変えてやるぞ。
神が変えるのでない。自分でなり下がるのであるぞ。
分かったか。

白銀（しろがね）の巻

三千世界

天地の理を書き知らすぞ。この巻は白銀の巻。
天国、地獄、浄土、穢土と申しているが、
そんな分け隔ては無い。
真の天地の理を伝えるぞ。

三千の世界の中の一つが、そなたたちの世界じゃ。
この世もまた三千に分かれておる。
それは鉱物の次元、植物の次元など、
見える世界も見えない世界も入っておる。
更にそれらが五千に分かれておる。
わたくしを五千の山にまつれと申してあろう。

今の人間が分かる世界は、その中の八つであるぞ。

陽の光を七つと思うておるが、
八であり、九であり、十であるぞ。
人間には六つか七つにしか見分けられまいが、
岩戸が開けると更に九、十となる。
見えぬものが見えるようになるのじゃ。
隠してある一厘の仕組み、宇宙創成の仕組みぞ。

成就した暁には何も彼も分かるようになる。

霊の世界はムの世界、無限の世界じゃ。
霊界に入って行けば、その一部は分かるなれど、
すぐには分からん。
分からんことでも分からねばならんぞ。

天、息吹けば、地、息吹く。
天で起こることが地に起こる。

このことよくわきまえよ。
地の規則が天の規則となると申したであろう。
大切なことじゃ。忘れるではないぞ。

思いの世界が天ぞ、肉の世界が地ぞ。
思いは肉体と一つ。
思いと肉体は二つ。
魂と思いと肉体は三つ。
思いが起こって肉体は動く。
肉体が動いて思いが動くこともあるぞ。

思いの多くは肉体に属す。
肉体に属す思いは、欲、感情から来たものじゃ。
魂と思いもつながっているが、身魂の磨けていない人間はつながりが弱い。
魂とのつながりが太くなることで、魂の声、役目が分かるようになるのじゃ。
それに基づいた思いが生まれる。
生まれ赤児の心になって聞いてくだされよ。
何もかも、ハッキリ映るぞ。

すべては一であり、二であり、三じゃ。
三が道じゃ。
陰陽二元でないぞ、三元ぞ。
陰陽を合わせた一があるぞ。
三つであるぞ。

三千世界の魂

魂がなくてはならん。
魂にも隠れた魂と現われた魂とがある。
現われた魂は、そなたの魂ぞ。
隠れた魂とは、三千世界に生きる多くの自分の魂群ぞ。
このこと、先ず心得てくだされよ。

そなたたちは、父と母と二人から生まれ出ただけではない。
三人から生まれ出ておるのじゃ。
それがそなたに入った魂じゃ。

魂には、三千世界の自分の魂、
神としての自分の魂、
先祖の魂も入っておる。
そなたの魂の役目により、
それらが調和され、統合され、
そなたの魂として入っておるのじゃ。

物理的肉体があるなしにかかわらず、
三千世界それぞれに人が住んでいるのであるぞ。
三千世界は、神の中に神があり、
その中にまた神があり限りないのじゃ。
一柱の神の中にもまた神がいて、
その神の中にも神がいる。
そなたたちの中に、
また三千世界の自分がいて限りないのじゃ。
それらは、殺人者や盗人など低次の自分もおれば、高次の神なる自分もおるのじゃ。
今の自分の程度は、神界に行けば分かる。
今の自分を磨けば、次の次元へと上がる。
ひとつの人生でいくつも次元上昇をする者もおる。
各次元の自分の波動は、それぞれ響き合うのじゃ。
ゆえに、そなたが身魂を磨き波動が上がれば、
三千世界の自分に影響する。

同じように他の世界の自分の波動が上がれば、
今の自分にも影響する。
神なる自分の中に今の自分を含めて、
さまざまな自分がおると心得よ。

わたくしは、人々の中にいると知らせたであろう。
わたくしのエネルギーの中に、
そなたたち人間がおるのぞ。

そなたたちも八人、十人の守護神によって生きているのぞ。

また十二人でもあるぞ。
その人間の波動が変わることで、それにふさわしい守護神が現われる。
守護神と申すのは、高次の自分たちのことじゃ。
守護神も進化しておるから段々変わるのであるぞ。
自分と自分とを和合せよと申すのは、
八人、十人のそなたたちが和合することぞ。
今の自分の意識だけで生きているのではないと理解することぞ。
それを改心と申すのぞ。

そして、和合した姿を善と申すのじゃ。

今までの宗教は心を善とし、肉体を悪と申しておろそかにしていたが、
それが間違いであること合点か。
一切がよいのじゃと申すこと合点か。
地獄などないこと合点か。
悪を抱き参らせよと申しておること、
これで合点か。
悪のお役をしている自分もおるのであるから、合点であろうが。

各々の世界の人が、その世界の神であるぞ。
この世では、そなたたちそれぞれが神であるぞ。
あの世では、そなたたちの心を肉体とした人がいるのであるぞ。
それは、そなたたちがカミと申しているものぞ。
あの世の人をこの世から見ると神であるが、
その上から見ると人であるぞ。
あの世の上の世では、神の心を肉体として、
神がいて限りない。
裏から申せば、神様の神様は人間様じゃ。

守護神

心の守護神は七層の身体じゃ。
肉体が心を守っているのであるが、
肉体が主人顔してはならん。
衣として心を守っておるのぞ。
何処までも内側にある御魂に従うのじゃ。

身体に付いているエゴやその慾の声に従ってはならん。
順乱すと悪となるぞ。
魂の声を聴け。
魂は三千世界と通じておるのぞ。

生まれ赤児を越えて、
生まれ赤児になって聞いてくだされよ。

そなたたちの本尊は、八枚十枚の衣を着ているのじゃ。
別次元の自分という守護神じゃ。
死は、その衣を上から脱ぐことじゃ。
肉体という衣を脱ぐと、中から次の衣が出て来て、
また八枚十枚の衣つけるようになっているのじゃ。
分かるように申しているのぞ。
取違いせんようにせよ。

凸凹

天から気が地に降りて、ものが生命し、
その地の生命の気が、また天に反影する。
されど、まだまだ地には凸凹があるから、
気が天に帰らずに、横にそれることがある。

凸凹は、人間のエゴにとらわれた感情や考え方、
そして、それを強める社会の仕組み、
その仕組みを強める教育、法律、商売などじゃ。
そして、その横の気で作られた世界を幽界と申すのじゃ。
幽界は、地で曲げられた気の作り出したところ。
地獄ではないぞ。

身体も同じであろう。
摂り入れたものがうまく身体を循環しなければ、
病となる。
生じた感情を抑え込むと、
そのエネルギーはゴモクとなって滞り、気の毒となる。

それは心身に起こる幽界と同じ。
循環大切ぞ。

愛、真、善、智

宇宙は、御霊、真、愛との現われ。
真と愛のエネルギーで動く。
御霊、愛、真、善、智であるが、
愛と真ではない、愛真でもなく、善智でもない。
大宇宙の神々のエネルギーは、
愛という波動と真という波動じゃ。
その二つの波動が溶け合い混ざり合って
善が現われ、智が現われる。
それが喜びのエネルギーとなって働く。
その中心に御霊が加わって、
天国を栄えさせる生命となるぞ。

人間はもともと神の子。

本来、愛を持ち、真がある。
その二つの力が、善を成そうとする意識となる。
その意識が、智への探求心となる。
その人生は喜びとなろう。
それは人間の中に、
神の御霊があってこその働きなのじゃ。
愛があっても真を大切にせねば、それは愛ではなくなる。
すると善は生まれず、智は歪められる。

ゆえに愛のみというものはない。
真のみというものもない。
真のない愛も、愛のない真も、神から離れることぞ。
愛と現われ、真と現われるのであるぞ。

愛には真が隠れ、
真には愛が隠れ、
その奥に神の御霊があるのじゃ。

人間は親を父と母とに区別しておるが、
母と現われる時、父はその中におり、
父と現われる時、その中に母がおるのであるぞ。
何れも「親」のくくりの中におるのであるぞ。
目に見える父となり、母となりして現われるのじゃ。
愛と真、善と智と区別して説かしておいたが、
神の御霊が分からねばならん。
神の御霊の働きがあることを忘れてはならん。
その奥に、その神よりもっと大きな神の御霊があることを、
理解せねばならんぞ。

男の魂は女、女の魂は男と申してあろう。
人間の目に「愛」と映るものは外の愛。
「真」と映るものは外の真。
外は見えているものにすぎん。

自分の内界から見れば、現実界は陰の世界ぞ。
幻の世界ぞ。

幻影ぞ。
内にある愛と真を感じよ。
御魂に意識を向けよ。

時空と意識

時間は、人間が作ったもの。
今が過去で、今が未来。
過去を振り返ったり、未来を見据えたりするのは、
常に今しかあるまい。
今という思考の中に、
過去と未来という幻影を映し出しているに過ぎん。

時間にふみ迷うな。
空間にふみ迷うな。
今、いるのはこの場所じゃ。
この場所にいくつもの次元がある。
多くの人間は、過去と未来に行ったり来たりじゃ。

いつまでたっても天とつながれん。
この場所にいくつもの次元があるのぞ。

「今、ここ」が真ぞ。

皮一枚ぬいで心でよく考えなされ。
いつも日が出ているではないか。
月は輝いているではないか。
雲がかかるだけぞ。
その雲をつかんでおるのは自分の意識ぞ。
雲にとらわれるから曇るのぞ。
意識を多次元の存在する「今」と「ここ」に向けよ。

プラスとマイナス

力そのものに力はない。
霊と肉の結びのみで、力が現われるのでもない。
プラスとマイナスと合わせて組みて、力出ると思っておるのであろうが、一歩踏み出さねばならんぞ。

プラスとマイナスと合わせたのではゼロぞ。
力は出ないのじゃ。
御魂の力は今ぞ。
御魂の力が加わって、
プラスを生かし、マイナスを生かし、
そこに喜びが出て、理となり、
なりなりて真実と現われるのぞ。
弥栄が真実ぞ、神ぞ、神の心ぞ。

竜神

竜体をもつ霊は、神界にも幽界にもおる。
竜体であるからと申して、神界に属すると早合点してはならんぞ。
竜神とは、人間を誕生と進化へと導くエネルギー体じゃ。
竜神にも二通りある。
地からの竜神は、誕生・成長・上昇を促すエネルギー。

天からの竜神は、降ろすエネルギーぞ。

この二つの竜神が結ばれて人間となるのじゃ。
人間は土でつくって、
神の気入れてつくったのだと申してあろうがな。

草木も地の中で生命し、
天の気を受けて、
芽を出し花を咲かせるのぞ。
そして、上へと延びるエネルギーと、
地中へと根を伸ばすエネルギーがあり、
調和した成長となっておろう。
人間も誕生すると探求心や挑戦する勇気と、
留まろうとする慎重さがあって、
調和しながら成長しているのじゃ。
探求も外なる探求と内なる探求とある。

岩戸閉めと岩戸開きの二つの御用のミタマがある。

二つのエネルギーぞ。

愛と智

愛と智が呼吸して喜びとなる。
喜びは形をとる。
形がなく順序なきものは幻じゃ。

善と真とを区別せねばならんぞ。
区別のないところに働きは起こらん。
それぞれを融け合わせ、
結んで「喜び」と現われるのじゃ。
和合せねばならん。
すればする程、力強く融け合うのじゃ。
大きな喜びとなるのであるぞ。
このこと、やまとの民には分かるであろうな。

道は三つぞ、合点せよ。

小さな自分から大きな宇宙へ

小の中に大あるぞ。
小さなひとりの御霊のなかに、大きな御霊あり。
無の中に有がある。
見えぬものの中に、次元を超えた有がある。
ものが小さければ小さいほど、
清ければ清いほど、
ますます内には大きなものがある。
ますます純粋なものがあるぞ。

人間の肥大したエゴやカルマや要らぬ智や学を取り払い、
ますます小さな中心へと向かえば、
それはますます清くなり、
そこに大きな力があるのじゃ。
大きな宇宙があるのじゃ。
それがそなたの中に在る神。

神はそなたの中にあるが、
外にもあると申してあろうがな。

有無をよく見てくだされよ。
愛はそのままでは愛ではない。
愛そのものは無ぞ。
真はそのままでは真ではない。
真そのものは無ぞ。

善はそのままでは善ではないぞ。
善そのものは無ぞ。
智はそのままでは智ではないぞ。
智は無ぞ。

御魂を入れて、結んで解けて喜びとなるのぞ。
ヨロコビが生命。
宇宙の総ては生命であるぞ。
喜びぞ。

そなたが喜びを求めるのは、神の子の証ぞ。

天地の鏡

天国が映って地が出来ておる。
霊の国は更に立派、微細ぞ。
天界のものは光り輝き、
幽界のものは暗いという違いあるだけじゃ。
その時の状態によって変化するが、
総ては神が与えた。
現界同様、与えられているのじゃ。

天界には時間・空間もあるが、無いのであるぞ。
そなたたちの波動が、同じ状態にあれば、
同じところに住む。
建物も街並みも変わらん。
自分の波動が変われば、
別のところに住むのであるぞ。

外的世界は、そなたたちの波動に応じた世界となっておる。
テレビなどを通して見る間接世界は、
自分の波動とは違う世界じゃ。

そなたの波動が変われば、
自分の鏡に映る家族や知人は、そなたの波動の人間ぞ。
同じように相手も自身の波動に合う相手を見ておる。
そなたは三千世界に在る。
人を見たら神だと思え。
人を拝めよ。
今日のそなたは、昨日のそなたではない。
これは、そなたの波動を上げるための教えじゃ。

神も邪霊も見ようと思えば、
念の中に出て来て、見ること、語ることが出来るぞ。
見まいとすれば見えん。
見ることも語ることもできんと申して、
自分の可能性を閉じてしまうと、見えんし語れん。

見えておるのが邪霊なのか、
波動の低いエゴの自分かは見極めよと申した。
自分を磨けよ。
自分を信じよ。
自分で見て、自分で語るのじゃ。

外界の見方も改めよ。
外界に見えておるのは、自分が映った人間じゃ。
自分が映った街並みじゃという意識を持って見よ。

時、所、波動の位、総てが想念の中じゃ。
想念のままに現われて来るのであるぞ。
分かるように申すならば、時間も空間も映像であって、
波動状態が変わるだけじゃ。
波動状態の元、本質は限りない。
無限である。
自由である。
ゆえに霊界は無限であり、絶対であり、自由自在であるのぞ。

現界では、時間の順に得たものでも、
心の中では時間に関係ない。
距離にも関係ない。

一所に並べられるであろうがな。
ある日の記憶を思い出すと、
あっという間にそこへ意識が行く。
意識は、時間を秒読みでさかのぼりはせんであろうが。
記憶をたどるのは、頭の中だけのことと思うのは間違いぞ。
身魂が磨ければ、
意識は時空を超えるのじゃ。
心の世界で、時間、空間のない道理。
これでよく分かるであろうがな。

黒鉄（くろがね）の巻

重荷で花咲く

理屈は一方的なもの。
どんな理屈でも成り立つが、
理屈ほど頼りないもの、力にならんものないぞ。

大宇宙の理が神というエネルギーの御働き。
人間の理屈と宇宙の理を、よく見極めねば間違うぞ。
とらわれてはならんぞ。

他の為に苦労することは喜びじゃ。
全体のために働くことは喜びじゃ。
それが光の生命の御働きぞ。

誰にでも重荷を負わせてある。
重荷があるからこそ、風にも倒れん。
夢があれば、心は弾むであろう。
目標があれば、それに向かって進むであろう。
責任があれば、それを全うしようと思うであろう。
責任とは重荷でもあれど、
自由裁量を与えられたということじゃ。

夢や重荷がなければ、あちらへふらふら、こちらへふらふら。
迷いばかりとなり生きがいのない人生ぞ。
この道理、涙で笑って汗で喜べよ。

重い荷もあれば、軽い荷もある。
今蒔いた種が今日や明日には実らん。
早く花が見たい、実が欲しいと思うから焦る。
焦りは我(が)ぞ。
人間の近慾と申すもの。

神の大道に生きて実りの秋を待てよ。
自分の蒔いた種は、愛をもって育ててやると必ず実る。
磨いた身魂で作り上げたこの世の種を誰も横取りはできん。

天の光と地の恵みで花が咲く。
花が咲けば、香り立つ。
香りが立てば、自然と虫たちはやってくる。
実がなれば、鳥たちもやってくる。
その実は、多くの生き物に命を与える。
その実は、次の種を宿す。

天地との大和合じゃ。
その恩寵は、万倍になってそなたに返るであろう。
未来に燃えつつ現在に燃えよ。
神相手に悠々と天地を歩め。
重荷に喜べよ。

和合

プラスとマイナスと和合せねばならん。
ただの和合ではムになって、力出んと申した。
プラスマイナスはゼロじゃと申した。

プラスはプラスの働き、マイナスはマイナスの働きをせねばならん。
プラスは光の働き、マイナスは影の働き。

今までの和合のやり方ではならん。
今までは、妥協、争い、多数での和合じゃ。

喜びの和合、融け合う和合じゃ。
中心に御魂のある和合でないと、和合でないぞ。
少しでも曇りがあったら、和合でないぞ。
妥協や力の支配で堪えているのでは、和合でないぞ。

今までの和合の仕方では、カスがあるであろうがな。
カスはゴモクじゃ。

不満や怒りやあきらめじゃ。
カスがあるのは悪の和合であるぞ。

はじめは目当てをつくって進まんと、
行ったり来たり同じ道を堂々巡りじゃ。

善も悪も、光も闇も統一し、
調和した幸福こそ、二二（ふじ）晴れの幸福ぞ。
大いなるひとつの幸福ぞ。

水晶になれよ

学問や知識で考えるから行き詰まるのじゃ。
それは我（が）であるぞ。

生まれ赤児と申すのは、学も我（が）も出さん水晶のこころ。
何もフィルターが入っていない目で物を見るこころ。
それを感じようとするこころ。

そのままを受け入れるこころじゃ。

学があると分析しようとする。
専門家と称するものの意見を取り入れようとする。
それが我じゃ。
今の人間は、自分の感じ方や受け止め方を、信じられんようになっておる。

要らんものは捨て、ねり直して、澄んだ水晶の心、結構ぞ。

親の心が分かったら、手伝いせねばならん。
言われん先にするものじゃ。
いつまでも子どもではならんぞ。
神は喜びの気、愛の気、調和の気、神へと進む気じゃ。
そなたたちは神の子ぞ。
罪の子でないぞ。
喜びの子ぞ。

神の子なればこそ考え方を変えねばならん。

真なき愛の道を行く者、
執着を愛と勘違いしておる者、
我(われ)よしで人や自分の成長を妨げる者、
人の悲しみを内心喜ぶ者、
それが罪の子と申すのであるぞ。

天国の意志は、人間の喜びの中に入り、
幽界の意志は、悲しみの中に入る。
愛の中に悪を入れてはならんぞ。
水晶になれよ。

霊の入れもの

愛から離れた理解はない。
善から離れた真理はない。
種が無ければ、芽は出んのが道理じゃ。
人間の智で分からんことを迷信じゃと申しているが、
神界のことは神界でなければ分からんのじゃ。

分からんのが人間なのだから、神を求めればよいぞ。

学にとらわれてまだ目覚めん。
気の毒がウヨウヨじゃ。
気の毒じゃなぁ。
人間は霊人の入れものになるからこそ養われているのぞ。

人間にはすべて、霊が憑いておる。
邪霊か、先祖霊じゃ。
神の霊が懸っておる者もおるぞ。

宗教を信じておらん者も、みな憑いておる。
自分は何も憑いておらんと思っておるだけじゃ。
憑いておる霊は、その霊の望むように人間を導く。

邪霊は、慾を満たすために、その慾で動きそうな人間に憑く。
恐れのエネルギーを求める邪霊は、
恐れやすい人間に憑いて、ますます恐れるように刺激する。

金の慾にとりつかれた先祖の邪霊は、その人間の慾を刺激する。
権力慾、承認慾、破壊慾など、すべての慾は邪霊を呼ぶぞ。

何も憑いておらん人間はおらん。
おったとしたら、その人間は迷いと混乱ばかりの人生じゃ。
人間は、霊人の入れものと申した。
愛、喜びの人間となれば、邪霊は居心地が悪くなるのじゃ。

光の霊、神の入れものになるために、磨けと申す道理、分かったか。

成長して行くのじゃ。
血は愛によって生きる。
血の中に愛の気をたたえた人間は身体中に愛が行き渡る。
愛に満たされた人間に喜びが湧きおこる。
愛は喜びによって生きる。
喜びのなき所に愛はない。
御魂のないところに生命は栄えん。

心の中の光と影

悪とは、そなたたちの影のことであるぞ。
そなたたちが隠そうとした感情や欲求が影じゃ。
見たくない自分を隠したのじゃ。

根底にあるのは恐怖。
今のすべての人間には、根底に恐怖がある。
この恐怖は、存在できなくなると思うほどの恐怖じゃ。
自分を見つめることが少ない人間にとって、あるはずがないと申すであろう。
それが我（われ）よしぞ。

これに気づき解放することが身魂磨きとなる。
それに長い年月が必要な者もたくさんおるぞ。
それで、早くから伝えておるのじゃ。

その恐怖を言葉にするならば、

見向きもされず、ひとりぼっちになってしまう恐怖、
自分は本当は傲慢な人間だと気づく恐怖、
自分に欠陥があることが知られる恐怖、
自分には価値がなく劣っていることを知られる恐怖、
自分は愚かで厄介者であることを知られる恐怖、
自分は醜く恥ずべき存在だと明るみになる恐怖じゃ。

頭で理解させるために伝えたのではないぞ。
肚に落ちると、肉体に変化が起こる。
感情に変化が起こるのじゃ。
呼吸が変わるのじゃ。
それらを体験せずに、分かったと申してはならん。

もともとこれらは、人間の御魂のものではない。
肉体に備わっておる恐怖で、生い立ちの中で強化されるものじゃ。
そして、身体に入った御魂が、成長するための課題として設けられた。

人間には、根底にエゴと共に作られたこれらの恐怖がある。

それを超えて成長していく人間と、
繕ったまま生きる人間に分かれる。

多くの人々は人生を通じて、それを隠す行動をしておる。
それらを周囲に知られないようにするために、作った自分を見せる。
正しくあろうとする者、
他者に明るく優しくあろうとする者、
強くたくましく見せようとする者、
みな、毎日演技をする。
それが自分磨きじゃと思うておる。

それがゴモクとなり、
ますます多くのめぐりを生むことになる。

自分が神の子であることを信じられん者は、
これらの恐怖を抱えておるからじゃ。

斜めに光をいただくとは、このことぞ。

ゆえに、影が出来る。

隠そうとする自分と見せようとする自分、
それが光と影になる。
斜めすぎて、影が多い人間もおるぞ。
影は主人ではない。
絶対は、何と申しても絶対ぞ。

てっぺんから光をいただけよ。
陽の光もてっぺんから射せば、影はなくなるであろう。
陰がなくなって初めて、
そなたたちは自分が神の子であることが分かる。
阿呆になれよというのは、このことぞ。

影は光のない状態じゃ。
光を見せることはできるが、影はもともと存在しておらん。
光が無いだけじゃ。
光は存在するが、影は無い。

自分には闇がある、影があると申しておるが、影は自分で作ったのぞ。
光を当てぬからできたのぞ。
光をそなたの中に入れよ。
闇に光を当てよ。
それが身魂磨きぞ。

神を信じて、自分の影に光を射せよ。
光を欲するのは善、神ぞ。
闇を欲するのは悪、邪神ぞ。

相対の神

相対から神を求めると、相対の神が顕われるぞ。
神と悪魔という相対で考えるな。
その神に祈っても、相対の神が現われるだけじゃ。
その神は、悪と戦おうとする下々の神。
悪神が善の顔をして現われることもあるぞ。
邪霊も来るぞ。

相対で神の道に導くことできん。
必ず後戻りじゃ。
この神示が肚に入ったら、あっという間に変わって来るぞ。

天の声を聴け

天の声は、内から聞こえて来る。
天の声は、そなたの意識が自己の中心にある時に聞こえる。
自分の声は、意識がエゴという周辺部にいる時に聞こえる。
邪霊、邪神も同じじゃ。
自分の声や邪霊は、よくしゃべる。

神の声は短いぞ。
神懸かりのほとんどが邪霊じゃ。
単語や短文じゃ。
下の神も、よくしゃべるぞ。
われをなくす神懸かりは、邪霊に憑かれる危険がある。
気をつけねばならんぞ。

自身の意識をもって神の声を聴けよ。
人間の言葉は、外から聞こえて来る。
霊耳と申すのは、内からぞ。
耳を塞いでも聞こえて来るのじゃ。
身魂を磨き、中心に居れよ。
中心に居れば、聞き分けることができる。
悪霊自身は、自分を悪と思ってないぞ。

気の循環

心は草にも木にも石にもある。
切り取った草や花に愛の言葉を語りかければ、長持ちするであろう。
天にまたたく星にもあるぞ。

水晶は鉱物の中でも波動が高く、植物界に近いのじゃ。
水晶のお役目は、鉱物界から植物界へとエネルギーを伝えること。
それで植物界のエネルギーを安定させておる。

植物は自身の霊的エネルギーを拡散できる。
それを動物界や人間界が得ておる。
動物界のエネルギー、人間界が発散する慾や感情のエネルギーは、
漂いながら大地に入る。

鉱物界、植物界から発されるエネルギーは、
光のエネルギーじゃ。
されど人間界が汚して、マイナスのエネルギーを大地に返しておる。

天災や地変は、大きな肉体の応急処置の現われ。
地震や噴火は、溜まった気を吐き出す現象じゃ。
その気は大気に融け、宇宙に広がり、めぐり、
いろいろな気と混じり合い、浄化され、地上に戻ってくる。
このようにして、地球は自分の病気直しをしているのじゃ。

天災というものを部分的にとらえて、
人間を苦しめているように思ってはならんぞ。
一日一度は便所へ行かなならんであろうがな。

そのための大峠じゃ。
ひずみが起こっておるぞ。
人間界だけが宇宙のエネルギー循環と進化の波に乗っておらん。
すべては進化の方向へ進んでおるぞ。
分かってくれよ。
進化へと生きよ。

本来、エゴは肉体が生き延びるために必要なものじゃ。
食べねばならん。
蓄えねばならん。
守らねばならん。
じゃが、夜の時代と闇の気で、
エゴが働かんでもよいところまで働くようになったのじゃ。

心の中の中心に、悪は入れん。
周辺部の中に、エゴは存在すると申した。
エゴからくる智の中に悪が入るのじゃ。

人間の心の中に悪も善も入るぞ。
鉱物、植物の意識には悪はない。
人間の悪のエネルギーが入ると、草木は枯れ、鉱物には気が滞る。

人間には善も悪も入るからこそ、
これは善じゃ、これは悪じゃと分かるのぞ。
人間の自由意志はそこにある。
自由なければ発展無いぞ、弥栄無いぞ。

霊を信じる者は、
神との語らいや自分の魂の探求をする。
肉を信じる者は、
肉体と語り、肉体の健康を考える。
霊と肉と両方が必要じゃ。
身魂じゃ。
どちらか一方では喜び無いぞ。
人間そのものから湧き出づる喜びは無いぞ。

よく心得なされよ。

改心

表ばかり見ているから分からん。
水晶の心のように純粋なれば、三千里先のことも明らかじゃ。
人間というものは、奇跡を見ても、病気になっても、
一時のものと申し、なかなか改心出来んものじゃ。
死後の生活がはっきりと分かっても、
未だ改心出来ん。

それは外からのものであるからぞ。
外から聞いているだけであるから、耳から耳へと素通り。
読んでおるだけであるから、頭にも残らん。
忙しいと申し、先延ばしにしておるから、エゴに支配されておる。
自分はできておると申すその気持ちがエゴぞ。

誠の改心は、中の中の神のキをいただいて、

根本からの改心が出来ねばならんのぞ。
肚に落としたい言葉があれば、目を閉じて何度も心で繰り返してみよ。
素直な心で繰り返してみよ。
自分に言い聞かせてみよ。
それが神示を血にするということぞ。

死後の生活を知らせるのはよいなれど、
それのみによって改心せよと迫るのは、悪のやり方。
恐れを抱かせ、改心を迫るのは取引ぞ。おどしぞ。悪ぞ。
神に取引もおどしも通用せん。

奇跡を見せ、病気を治してやるのもよいなれど、
それのみによって改心を迫ってはならん。
それのみで道を説いてはならんぞ。
交換条件は悪じゃ。

そんなこと位で誠の改心が出来るならば、人間は遠の昔に改心して御座るぞ。
今までの様な宗教は亡びると申してあろうが。

亡びる宗教にしてくださるなよ。

祈り

祈りとは意が乗ること。
霊の霊と、霊と身体と合流して、ひとつの生命となることぞ。
魂とつながる霊じゃ。
霊とは母船のようなもの。
そこから離発着する飛行機が人間に入る魂のようなもの。
母船が浮かぶ海が大神の御霊ぞ。

大神と人間の魂と身体とが合流してひとつの生命となっておる。
ゆえに、祈れば本当の力が発揮されるのぞ。

想念は魂から発し、魂は霊に届く。
よって、想念は魂の世界に属し、霊の世界に属し、霊に生きるのであるぞ。
ゆえに想念の力を侮るではないぞ。
おかしな想念は浮かべんことじゃ。

祈りは心から本気でせよ。

物質は霊につけられたもの。
霊の霊は、大神の御霊につけられたものであるぞ。
物質には物質の生命しかない。
真の生命は霊であるぞ。
生命の基の喜びは、霊の霊、大神の喜びであるぞ。
奥の奥の奥の霊は、大神に通じる霊であるぞ。
それは喜びの気であるぞ。
霊がある故に人間となり、
人間なるが故に神となり、
神なるが故に喜びであるぞ。

他の生き物にも霊はあれど、外の霊じゃ。

正しい想念で祈りの力を身につけよ。
祈りは願いでは役に立たん。
宇宙への命令であるぞ。

「したまえ」と祈れ。
祈る内容が真から出たものでないならば、変なことが起こるぞ。
御魂と心と口の一致ぞ。
奥にある邪念に気をつけよ。

春の巻

正しく育てる

理しるべを作っておくぞ。
喜びの理じゃ。
喜びとは、人間のいのちを正しく育てることぞ。

二通りの人間がおる。
ひとつは眠っておる人間、
もうひとつは、目覚めている人間じゃ。
その中間でまどろんでおる人間もおる。

喜びも二通り。
眠っておる人間の喜びは、快楽であり、肉体の快感じゃ。

快楽という喜びは、外からの五感の刺激で起こる。
食べること、見ること、聞くこと、体感することじゃ。
その快楽は、しばらくすると消え失せる。
消えると、また欲しがる。

眠っておる人間は、快楽を常に求め続ける。
快楽の追求が、幸せにつながると信じておる。
快楽のために、辛抱する。
快楽のために、苦痛に耐える。
努力や苦痛の後の快楽は、解放となる。
苦がなければ、快楽を感じられん。
ゆえに快楽は、苦とともに存在する。
するとゴモクができる。

目覚めておる人間の喜びは、解放ではない。
苦痛でもない。
喜びあるのみじゃ。
望むものが肉体的なものから、心理的なものに変わるからぞ。

喜びの量ではなく、質を求めるようになる。
深みを求めるようになる。
刺激から得ようとするのではなく、常に喜びの状態じゃ。
すると、沈黙でさえも喜びとなる。
それは魂の喜びとなる。

いのちを正しく育てるとは、
魂の声を聴けるようにすることじゃ。
それが喜びにつながる。
すべての魂は、喜びを求めておる。

そなたたちが本当に求めている喜びとは、どのようなものか。
魂の喜びは、ひとり一人違うであろう。
そなたの内から生まれる喜びを知ること。
快楽からくる喜びは外からじゃ。
エゴを満たす満足じゃ。
身体を満たす満足じゃ。
そなたたちは肉体の中に生きておるから、快楽も結構じゃが、それが人生の目標や人生の時間つぶしにするではないぞ。

エゴの求めるものは、不調和を作る。
我正しがあるから、争いともなろう。
得を欲しがるから、取り合う。
勝とうとするから、踏みつける。
安定を求めようとするから、成長がない。
これは生命を正しく育てる喜びではないぞ。

エゴの求めるエネルギーは、常にそなたたちを突き動かす。
それに気づき魂に意識を向ければ、自分を正しく育てることはできん。
人を育てる場合も同じじゃ。

人間は、神の喜びの全き現われであると申した。
いくら穢れておっても、元の神の根源神の気をいただいておる。
それを育てることじゃ。
導くことじゃ。

死なんとする人を助けるのもそのひとつ。
喜びの道を知らんから、死のうとする。
そなたたちの社会は、喜びを殺さんと生きてはいかれん。
死に急ぐ者にそれを伝えよ。
光の道を示せよ。

宿った子を殺すことは、人を殺すこと。
喜びの道を知らんから、殺そうとするのぞ。
喜びの道を知らんから、今の人間は九分九厘死んでいるのぞ。
自分を殺し、知らずに人を死へと導いているのぞ。
社会で勝つことを教える大人も、子どもを緩やかに殺しているのだぞ。

救え、救え、救え。
光は来るぞ。
生かせよ。
生かせよ。

分別せよ

人間には分別を与えてあるから、反省出来るのじゃ。
反省があるから、成長するのであるぞ。
反省すれば、放っておいても、要らんものは無くなり、
要るものは栄えるのじゃ。
要らん慾がなくなる。
自分が魂に沿って生きるために必要な欲が栄える。
欲が御魂のために働くようになる。
御魂のしもべとなる。

内なる世界を探求したいという欲、
成長したいという欲、
喜びを満たしたいという欲、
真実の愛を感じたいという欲、
良い国を作りたいという欲、
すべて神の御霊の愛と調和のエネルギーを基盤にしておるのだぞ。

そなたたちの努力によって、より良くなる。

省みねば、生まれた時より悪くなると申してあろうが。
慾を浄化して喜びとせよ。
顧みて、要るもの要らんものを分別せよ。

そして、すべて喜びに変えよ。
喜びは何からでも生まれるぞ。
晴れを喜び、
雨を喜び、
食を喜び、
仕事を喜べよ。
心広い世界に住めば、視野は広く、
内界の深い世界に住めば、深く向上する。

物の世界から霊の世界へ入れよ。
物の世界は有限、霊の世界は無限ぞ。
無限の世界へ入るから、無限の生命が与えられるのじゃ。
無限の喜びを得ることが出来るのじゃ。
無限の世界とは、物と霊との大調和した限りなき光の世界。

真理を知ることが無限を得ることぞ。
まことの神を摑むことぞ。

良いもの作るには、手数がかかるものじゃ。
待っておっては何も出来ん。
手出せ、足出せ。

渦

一切のものは、渦であるぞ。
世界は同じ事を繰り返しているように見えるであろうが、
渦を巻きながら、一段ずつ進んでおる。
木でも、草でも、同じじゃ。
成長する方向を観察してみよ。
螺旋を描くように大きくなっておろう。

前の春と今年の春とは、同じであって、違っておろうがな。
昨日と今日も違う。

人も今日と明日で違うのじゃ。
渦を巻いて成長する。
ゆえに昨日の悩みを思い出しても、今日の見方は変わっているのぞ。
ただ、人間は昨日も今日も変わらんと思うておるから、
見方も変わらんのじゃ。

毎日新しい見方ができるという思いが、自分に渦を作るのぞ。

渦は螺旋ぞ。
螺旋の方向は神ぞ。
頭では分かっておっても、
明日になれば、忘れてしまうのが眠っておる人間じゃ。
覚えることではない。

その時から意識をもって、身に着けようとするのが、
目覚めていく人間じゃ。
その時から意識の中にずっと留まるのが、
目覚めていく人間じゃ。

行き詰まり

行き詰まりは有り難い。
進んでいるからこそ、行き当たり、行き詰まる。
行き詰まるときは、省みるときだという知らせじゃ。
省みるときが与えられたということじゃ。
それは、悟りに近づくときぞ。

木々や草を見よ。
何かが邪魔をして、芽を出せんときは、
楽に出せる方向に変えて、命を栄えさせようとしておるであろう。
無理がないであろう。
無理ない道は、天に続く道。

愛と喜びのエネルギーは曲線ぞ。
悪は直線ぞ。
我で動く人間は、意志を曲げず直線で進もうとする。

そこで無理をしようとするから、うまくいかん。
我の力で流れは変えられんと申したであろう。
天へのエネルギーは、曲線で渦を巻きながら悠々と流れる。

放すと掴む

ものは放すからこそ掴める。
掴めたら放すという者は多いが、放す方が先じゃ。
固く握っておっては、何も掴めんであろうが。

戸を閉めておってはならん。
扉を開けておけと申してあろうが。
掴んでおることに気づかず、「分かっておる」と申しておる者ばかりじゃ。

人を掴み、富を掴み、立場を掴む。
目標を掴み、正しさを掴み、恐れや怒りを掴んでおる。
すべてはこだわりじゃ。
こだわりは掴む状態ぞ。

着物を脱いで裸となることは辛いであろうが、
脱がねば新しき着物は着られんぞ。
夜の時代の古い着物を脱げよ。
自分を縛る古い信念という帯を解けよ。
鎧を脱げよ。
裸になってみよ。

幼子は裸になると、喜んで走り回るであろうが。
裸になって喜べ。
神様も裸になって、そなたを抱いてくださるぞ。
今までの重荷は、そなたたちに様々な力を与えたであろう。
もう下ろしてもよいのだぞ。
重い石で作ったタクアンは美味いのであるぞ。

筆

ものごとを局部的に見るな。

分からんようになるぞ。
この神示もそうじゃ。
文字を書くのは心であるが、文字だけでは心は見えん。
手が見えるだけじゃ。
手が見えるのはまだよい。筆の先だけしか見えん。
筆が文字書いていると申しておるのが、今の人間の言い分じゃ。
筆が一番偉いと思って御座るのじゃ。

神が人間に伝えたいことは無限にあるぞ。
その中から、早く知らせねばならんことを選ぶ。
その中から、核となる教えを選ぶ。
それを伝えられそうな言葉にまで落とす。

言葉は、不自由な道具じゃ。
言葉に落とすほどに小さくしてしまうと、最初の教えは変わってしまう。
言葉だけでは分からんようになる。
人間には分からんなれど、伝えねばならん。
それゆえ、文字の奥にあるものを、

心で受け取ってくだされと申しておるのじゃ。

同じ言葉が続いても、真意は違うのであるぞ。
同じことをくどく伝えておるが、その真意はいろいろであるぞ。

言葉には、それまでにいろいろな意味合いがついておる。
それは、そなたたちによっても違う。
心で受け止めるには、
人間心で作った言葉の意味づけを外さねばならんぞ。
そのような偏見や誤解は、身魂が磨けておらんから起こること。

身魂磨けよ。
真っ白な心で読んでくだされよ。

神を信じることに決めても、始めはよいが途中から分からなくなるものじゃ。
そこが大切ぞ。
分からなくなったら、神示を読めよ。
言霊の気をいただいて甦るぞ。

ほこりは常に溜まる。
神示でほこりを払えよ。
そのうち、神示は要らんようになる。

夫婦は天地

出足の港は夫婦の理からじゃと申してあろう。
それが真理と申してあろう。
これが乱れると世が乱れるぞ。
神界の乱れ、イロからじゃと申してあろう。
男女の道を正さん限り、世界はちっとも良くならん。

男は天ぞ。
女は大地ぞ。
天と大地は、働きが違うであろう。
大地が、天の働きをしようとはせんぞ。
天が、大地の働きをしようとはせんぞ。
それでは生命は生まれん。

生き物は育たん。
すべては乱れ、この世は荒廃じゃ。

天と大地が信頼し合い、それぞれの働きを成し、融合することで、
すべては光輝くのぞ。
すべては生命するのぞ。

天は、大地を従わせようとはせんぞ。
大地は、天を操ろうとはせんぞ。

今の世の様を見てみよ。
早く考えを改めてくれよ。

和は力ぞ。
育て合えよ。
光を当てよ。

外からの愛、内からの愛

身魂を磨いたと申しても、
むやみに腹が立ったり、悲しくなったり、悔しくなったりするのは、
まだめぐりあるからじゃ。
めぐりの霊界との因縁が切れておらんからぞ。

霊界の因縁を切るには、本来の愛を養わねばならん。
夫婦は命がけで、お互いに築き合わねばならんぞ。
夫婦愛は、最初からあるのではない。
築き上げるものぞ。
生み出すものぞ。
夫婦愛が育てば、子どもは愛を感じて育つ。
家庭は、夫婦愛が先じゃ。
お互いに愛が育てば、生きとし生けるものへの愛が育つ。

多くの人間が愛を感じるのは、外からの刺激じゃ。
愛しい人を見れば、内から愛情が湧くであろう。
美しい花や景色に出会えば、内から愛情と喜びが湧くであろう。

されど、これらは外からの刺激で、内から湧く感情ぞ。
愛情ぞ。

愛情と愛は違う。
情を絡ませるな。
絡ませると愛着が深まり、そのうち執着となる。
執着は、束縛を生む。
束縛は、恐れからくる。
それは悪じゃ。
もはや愛ではない。

されど、もうひとつの愛がある。
純粋な愛は、外の刺激に関係なく湧きおこる。
内に愛をたたえておる人は、外の世界で何を見ようと、
その愛の源泉が絶たれることはない。
純粋な感情はみな同じじゃ。

怒りや恨みは、外に対象がある。

誰かに対する怒りや恨みは、外の刺激からの反応じゃ。
誰もおらんのに恨みが自然に湧くことはないであろう。
愛も外の対象がなければ湧いてこないなら、それは純粋な愛ではない。
刺激に対する反応としての愛情は、心の周辺で起こる。
周辺で起こったものは、二極の思考を生む。
愛か憎しみか。
愛の裏に憎しみが生じるのじゃ。
愛に疲れると、何かのきっかけで憎しみとなり、
憎むことに疲れると、愛に変わる。
眠っておる人間は、毎日それを繰り返す。
そしてゴモクが溜まる。

身魂を磨くということは、
源泉にある純粋な愛に気づき、それを解放することじゃ。
されば、そなたの中にこんこんと静かな愛のエネルギーが湧いてくるであろう。
何もなければ、憎しみは内からは湧きおこらん。
何もなくてもあるのが愛じゃ。
内側の愛に意識を向けよ。

内なる純粋な愛は常にあるぞ。

内にある愛をはぐくむことが夫婦愛となる。
それは夫婦お互いだけに限らず、
すべての世界に愛のキが広がるであろう。

それをつくり出すのじゃ。
築くのじゃ。
そこに尊さあるぞ。
喜びあるぞ。

左には宗教、右には芸術、
神にまつわる心と、人間が作る芸術じゃ。

感謝

何事に向かっても、先ず感謝せよ。
始めはマネゴトでもよい。

道は、感謝からぞ。
結構と思え、幸いと思え。
そこに神の力が加わるぞ。
心からの感謝の念は、神の力とつながる人間の波動ぞ。
生きておるだけで感謝できるものは、たくさんあるであろう。
朝起きた時、
今日の生命、衣となる体内の働き、空気、清めの水、
そして、その日に出会うそなたたちの鏡となる他者、
ありがたいと思う心に神の力が宿る。
感謝は愛となる。
感謝は執着を切るぞ。

神の力が宿ると奇跡が起こる。
本来は奇跡ではない。
宇宙の理じゃ。
感謝がなければ、自分だけの非力ぞ。
不足申せば、不足がうつる。

不足、不満は、外の世界に映る。
不足、不満は、他の人間に移る。
感謝、愛もうつる。

心のままとくどく申してあろうが。
病気になっても、病気でないと思え、弥栄と思え。
神からの白紙の手紙が、届いたと思え。
何を変えねばならんか、身体を通して伝えておるのじゃ。

感謝を常とすれば、病が治る基が生まれるぞ。
気がもとぞ。
何事が来るとも何クソと思え。
神の力、加わるぞ。

恐れは、恐れ生むぞと申してあろうが。
恐れを恐れるから怖いのぞ。
光を入れぬから恐れるのぞ。
光は感謝からじゃ。

一聞いて十さとらねばならんぞ。
平面的では、立体のことや次元の違うことは分からんであろう。
ハラでさとってくだされよと申してあろう。

戦

戦は善にもあり、悪にもあり、
右には右の、左には左の、上には上の、
下には下の、中には中の、外には外の戦ある。
新しき御代が到来しても、戦は無くならん。
人間の身体の中にも、生きる戦が繰り広げられておろうが。
戦も歩みぞ、弥栄ぞ。
されど、今のような外道の戦ではないぞ。
創造のために要らんものを壊す戦。
古いものを壊す戦じゃ。

人殺しや生命を奪うような戦は、やればやる程、憎しみを生み激しくなる。

正道の戦は人を生かす戦、やればやる程、進む戦じゃ。
今の人間は、戦と申せば、人の殺し合いと早合点するが、それは外道の戦ぞ。

天国への戦もあるぞ、幽界への戦もあるぞ。
天国への戦とは、人間の頭でこしらえた天国を壊し、本当の天国を創造する戦。
幽界への戦とは、人間の想念で作った幽界を滅ぼす戦じゃ。
人間が心を改め、幽界に意識を向けんようになれば、
幽界エネルギーは無くなる。

人間の言う今の戦、今の武器は、人を殺す外道の道。
それではならん。
本来外道は無い。
無いから「外道」というのじゃ。
外道を無くしてくだされよ。
外道を抱き参らせて、正道に引き入れてくだされよ。
愛は、新しき御代の武器ぞ。
与える武器ぞ。

外道の武器を捨てよ。
外道の武器を生かして、活かして、命を生かす弥栄の武器とせよ。
新しき霊界は、神と人と共につくり出されるのぞ。
それは大いなる喜びぞ。
新しき世は開けているぞ。
夜が明ければ、闇はなくなる。
新しき型は、日本からぞ。
日本が良くならねば世界は良くならん。変えられるであろうが。

夏の巻

生む

生むということは、自分をより良く成長させること。
ひとつ生むことは、そなたがひとつ殻を脱ぎ、前の殻を捨てることじゃ。
そうすれば、波動が変わり、次元が上がる。
蝶を見れば、そこに成長と変容が見て取れるであろう。
周りの世界が変わることも分かるであろう。
いも虫の時は、いも虫の世界。
さなぎの時は、さなぎの世界。
蝶になれば、蝶の世界じゃ。

生むことによって、自分が平面から立体になる。
毎日一生懸命に掃除していても、どこかにゴモクは溜まっておる。

きれいだと思い、ほこりがあると気づかん者は多い。
まして掃除せん心に積もっていることぐらい、
誰にでも分かっておるであろうが。

大病にかかると、借金してでも名医にかかるのに、霊的大病は知らん顔でよいのか。
心の空洞や満たされぬ気持ちは、霊的病ぞ。

信仰を得て、霊的に病気を治すのは、一瞬ではないぞ。
奇跡的に治ると思うのは、間違いぞ。

世界には奇跡的に治す人間もおるが、
その御魂が生まれる時の課題じゃ。
意識がどのように力があるかを、
人間はどのように生きるべきかを、
知らせるために生まれてきた。
役目じゃな。

それを見て自分もできると勘違いする者、

自分も治してもらいたいと走る者、
その人間を神のように崇める者、
その心が我ぞ。
自分が元ぞ。

掃除には、時間も手数も要る。
自分に時間や手数を与えることを躊躇するな。
デカイいも虫で人生を終わるな。

中今

過去も未来も、中今。
そなたの上からは、宇宙エネルギー、
下からは、大地の物質エネルギー、
前からは、生命エネルギー、
すべては中今、「今、ここ」に注いでおる。

そなたは、これら三つのエネルギーの交わる点におる。

この点に一番高いエネルギーが注いでおるのぞ。
このエネルギーは、そなたが中今に意識を向けんといただけんぞ。
虫眼鏡に学べ。
中今で、すべての気と一体になったときに、
大きな力となり、必要なものが受け取れる。
流れに乗るとは、このことじゃ。
力を得るとは、このことじゃ。

我で生きておると、昨日のこと、先のこと、人のことばかり考えておる。
過去のことにとらわれると、後悔や怒りに侵されるぞ。
先のことにとらわれると、不安が起こり、欲しいものは得られんぞ。
霊的なことばかりにとらわれると、貧しくなるぞ。
物慾、金慾、名誉慾にとらわれると、心が病むぞ。

それでは天地の気はいただけん。

中今におると、不思議なことも起こる。
気持ちを不安定にするな。

意識がぶれんようにせよ。
身体と心と思考を、ぴったりと中今に置け。

身魂を磨くと、たやすいことよ。

眼と口

眼と口から出るものに意識を向けよ。
眼の光と声とは、実在界にも力を持っておる。
眼の光は、そなたのエネルギーを表す。
人間はエネルギーの八分程度が目から出ておる。
自分の中に誠があれば、誠のエネルギーが伝わる。
愛があれば、愛のエネルギーが伝わる。
伝わると、人は眼から受け取る。
自然に相手に入るのじゃ。
眼の光が輝くには、心が磨けておらねばならん。
真理を知っておらねばならん。
神を信じておらねばならん。

自分は神の入れもので、神が自分の中にいると信じることじゃ。
声は、自分の誠を伝えておるぞ。
何をしゃべるかではない。
どんな声か、どこから出ておるかぞ。
作った声では、何を話しても伝わらんであろうが。
曇った眼、作った声は、偽物じゃ。
薄っぺらい人間は、そのことに気づかんぞ。
すぐにだまされるぞ。

力は、神と一体となった体感を通して出るのであるぞ。
努力要るぞ。取違い多いのう。

横と縦の気

人間は総てのものの気をいただいて成長しておる。
気をいただけよ。

横には社会の氣。
それは、人との親和、共に働く喜び、学ぶ喜び、お金、大地、自然からの氣じゃ。
縦には神の氣。
宇宙の氣、神からの氣、成長・進化の氣、覚醒の氣じゃ。

悪い氣を吐き出せよ。
怒り、恨み、恐れ、迷い、孤独、あきらめ、疑い、すべて吐き出せよ。
よい氣を養えよ。
良い氣を見分けよ。
見分ける鏡を与えておるではないか。
自分の鏡を見て、すべてプラスにせよ。
この道理分かったか。

分からんのに分かった顔して、歩き廻っていてはならんぞ。
分からねば、人に尋ねよ。
これと信じる人に尋ねよ。
天地に尋ねよ。
神示に尋ねよ。

偶像崇拝

信じる力を増すために、始めは形あるものを対象として拝むのもよいが、とらわれてはならんぞ。

間違ってはならんぞ。

偶像崇拝が過ぎれば、真は分からんようになる。

行き詰まるのは、目に見える世界のみにとらわれているからぞ。

神界、霊界、現界と、縦のつながりを見んからじゃ。

像を拝んで、神を拝まん者は大勢じゃ。

取違えるな。

大往生の理

死んでも自分は生きておる。

大往生の理とは、長生きすることではない。

一生を通じて自分を磨き、進化の螺旋にかかわることじゃ。

魂の入れものである身体を大切にした暮らしをすることじゃ。

神と和合し、人を拝み、気づき、磨き、学び、行をする。
喜びと感謝で生きた人間じゃ。
何を成したかではなく、どのように成したかであるぞ。

このような一生を送ることを大往生という。
そのような人間の最期は、眠るように逝くであろう。
今の世の人間は、時間つぶしの暮らし方をしておる。
縦へも横へも広がらん。
やまとの民よ、気づいておくれ。

秋の巻

この巻、秋の巻。
今は冬の前の秋晴れ。冬支度せよ。トンボに気を取られるな。

霊線をつなぐ

神との霊線は、胸腺でつながっているのであるから、
その胸の奥へ、奥へと進んで行けば、
そこに新しき広い世界が大きく開けるのであるぞ。

瞑黙や瞑想の時間を取ると、だんだんに分かってくるであろう。
目を閉じ、中今に意識を向けてみよ。
心が静まったら、胸の奥に意識を向けてみよ。

胸の奥に入ってみよ。

そこに中心がある。
その中心は、すべてとつながる場。
そこに我は入れんぞ。
されど、無理に入ろうとすると、我がイメージを勝手に作って惑わすぞ。
心を無にすることじゃ。
その中心に入れば、何もないがすべてがある場と分かるであろう。

自分を無くすのではなく、高く深くする場であるぞ。
立体を感じる場ぞ。
その意識を大事にせよ。

自分の深いところに、尊いものがたくさんある。
幽界と霊線をつなげば、自己愛となる。
自己愛で終わってはならん。
自己愛を広げていけば、みなを含む大きな自己愛となり、
天国と霊線がつながり、全てのものへの真愛と現われる。

喜びも二つある、三つあるぞ。大歓喜は一つ。
その中に自己愛と真愛があるのぞ。
大歓喜に溶け込め。

二極

どれほど世界のためじゃ、人類のためじゃと申しても、
その心が我（が）ぞ。
世界のために良いことをしておるというその思いが、
我（われ）よし、我（われ）正しの慢心じゃ。
我（われ）よしになれば、世界のために働いておらん人間や、
自分のことしか考えておらん人間に腹が立つ。
自分の方が優れておると判断する。
その怒り、その慢心が、悪を生むぞ。
怒りや慢心は、我（が）の力を強める。
強くなった気になり、無理をする。

それもまた悪ぞ。

人生に功績を残したいという思いが慢心につながる。
中行く道と申したであろうが。
我では一方しか見えん。
世界のため、人類のためになっておらん。
大きな心で見んと、
どこかにしわ寄せや不調和が起こっておっても分からんぞ。

平和への戦いは、戦争を憎む。
貧困を救おうとすると、富者への怒りが起こる。
自分は目覚めておると思えば、眠っておる人間をさげすむ。
自分が信じておる物差しで人を見ると、そこに勝手な判断が生まれる。
この世は二極じゃ。
心も二極じゃ。
光あることを表現しても、その裏には影があるぞ。
影に光を当てよ。

自分を洗濯しろ。

対価の枠

自分が生んだもの、自分から湧き出るものは、いくら他に与えても無くならん。
与えよ。
与えて無くなるものは、自分のものではない。
無くなると思うのは、形だけ見ているからじゃ。

自分が生んだものとそうでないものを分別してみよ。
物は無くなるであろう。
金も無くなるであろう。
自分のものではないからじゃ。

知識、知恵、時間、労力、技術、すべて失うと思うておるから、
対価を払わせようとする。
人が喜ぶ言葉さえ、出し惜しみする者が多いぞ。
「対価」という枠を外してみよ。

与えたことで、どれほどいただいておるか気づけよ。
外側からだけを見ておると分からんぞ。
価値あるものは、見えんものじゃ。

与えよ。
与えて、与えて、いただけよ。
本質は無限に拡がるぞ。
与えるほど神から与えられるぞ。
井戸の水のようなものじゃ。
神の仕組みぞ。

月光の巻

境界

世界をひとつにするのであるから、王はひとりじゃ。
動きは、二つでないと動かん。
意識エネルギーの動きと、それが作り出す道の動きじゃ。
動いて和す。渦を巻きながら、弥栄えるぞ。
和すから弥栄えじゃ、和せばひとつ。
意識のキ、道のミとなるのじゃ。

自分と他との境界を作ってはならん。
境界を作るのではなく、
おのずからできる自他の別を生み出さねばならんぞ。

人間の自他の区別は心から起こる。
自分のものじゃと思うから、奪われまいと他との境界を作る。
自分とは合わんと思うから、他の者が近寄れんように境界を作る。
他に振り回されたくないと思うから、境界を作る。
この境界は、己を守るためぞ。
獣の縄張りぞ。

人間としての軸ができておらんから、境界が要るのじゃ。
軸ができたら、意識した境界は要らんぞ。
健康な境界が自然にできるのぞ。
波動が違うから、自然な境界となるのじゃ。

軸を持てよ。
そなたの中心に軸ができるぞ。
身魂を磨くと軸を感じるようになるぞ。
身魂の声を聴きながら、行ができると、それは天地を結ぶ軸となる。
その中心は、そなたぞ。
そのような人間が集まって、世界一家ぞ。

健康な境界が重なり合って、ひとつぞ。
蜜柑に学べ。

世界一家のやり方、間違えてはならん。
それぞれの言い方はあれど、真の言葉はひとつじゃ。

不足は不足を生むぞ。
口を慎めよ。

神を捨てる

一度、そなたの神を捨てよ。
神にしがみついているから、
小さくとらわれたゆとりのない神を作り上げているぞ。
信ずれば信ずる程、危ないぞ。

祈ればご利益があるという神、
自分の宗教の神、仏、

日本神話の神のイメージ、
行事としての神、
困ったときだけの神、
ふわふわした天使、
悪を懲らしめようとする神、
すべて、捨ててみよ。

それにとらわれるな。
とらわれると邪霊が神の顔をしてやってくるぞ。
悪神が天使の顔をしてやってくるぞ。
操られるぞ。
多くの人間は、我（われ）よしであるから、心にささやく声をすぐに信じる。
それが危ないのじゃ。

大空に向かって大きく呼吸し、今までの神を捨ててみよ。
最初に手放さねば、本ものは摑めんぞ。
心の洗濯をせよ。
神を信じつつ迷信に落ちていると申してあることをよく心得よ。

神意識

自分と自分とを和合せよと申してあるが、
肉体の自分と魂の自分との和合じゃ。
それが出来たら、もう一段奥の魂と和合せよ。
更にまた、奥の自分と和合せよ。

一番奥の自分は、神であるぞ。
高い心境に入ったら、神を拝む形式は無くてもよい。
為すこと、心に浮かぶこと、それ自体が礼拝となるからぞ。

和合の仕方を知らせるぞ。

どっしりした大きな山を想像してみよ。
見ているうちに、
自分の中にどっしりした山のような感覚が生まれてくるであろう。
清らかな川を想像してみよ。

そのうち、
自分が清らかな川のように自然に流れる心地よさを感じるであろう。

さわやかな風を想像してみよ。
さわやかな風となって、
大地を、空を、自由にめぐる感覚に目覚めるであろう。

美しい花を想像してみよ。
大地と天から気をいただきながら、
花を咲かせる喜びに満たされるであろう。

風雨に耐えた大樹を想像してみよ。
自分も風雨に耐えておる大木のようじゃと感じるであろう。

愛を想像してみよ。
そのうち、自分が愛そのものであると感じるであろう。

山も自分、川も自分、野も自分、海も自分。
空気も、水も、火も、大空も自分ぞ。

自分の中に、その意識が在るから感じられるのぞ。
無ければ感じることはできん。
太古から御魂の純粋意識で、すべてを内包してきたのじゃ。
鏡を与えておると申したであろう。

草木、動物、ことごとく自分ぞ、歓喜ぞ。
その自分が出来たら、天を自分だと感じてみよ。
天を自分にすることはムにすること。
自分を神に化すことぞ。

ウとムと組み組みて、新しきムとすることぞ。
ムにすることは、もう一段上の自分になることぞ。
それがまたウを創造するのじゃ。
分かったたか。

花に学ぶ

現状を足場として、進まねばならんぞ。

現在のそなたの置かれている環境は、そなたがつくり上げたものであろうが。
山の彼方に、理想郷があるのではない。
そなたは、そなたの足場から始めねばならん。
もしそれが地獄のように見えようとも、現在においてはそれが出発点じゃ。
それより他に道はない。

多くの人間は、現状がつらいと他の場所に移ろうとする。
今の環境に不足があれば、別の環境を探す。
では、地獄のような状況をそのまま捨てていくのか。
やりっぱなしで、捨てていくのか。
後片づけもなく、放りっぱなしか。
他人や子どもには、片づけろと申しながら、
自分は、一番大切な片づけをしておらんぞ。
人のせいにするな。
社会のせいにするな。
鏡ぞ。
自分ができることから始めるのじゃ。

地球はダメじゃと申しながら、
宇宙へ住む場所を変えようとする考えは、悪ぞ。
今の場所を整えないで、愛を語るのは、虚言ぞ。

飛ばされた種は、
落ちたところで花を咲かせようとするであろうが。
花に学べよ。

霊の食べもの

人間が生まれてはじめて知る喜びは、食べものぞ。
次は、異性ぞ。
何れも大きな驚きであろうがな。
これは、自分と食、男と女、
それぞれが和すことによって起こる喜びぞ。
融け合うことによって得る喜びぞ。
喜びは神。
和さねば、苦となる。

悲しみとなるぞ。

されど、これは外の喜び、肉体の喜びぞ。
これは、成長すれば自然に起こる喜び。
次の成長は、意識じゃ。
意識しなければ、感じることができん喜びがある。

肉体の喜びは、過ぎれば執着となる。
進化とは、意識が目覚めていくことじゃ。
目覚めれば、その物質や人への執着という慾から離れていく。
離れれば、目覚めが始まる。

まず、自分の中にある異性への慾、食への慾のエネルギーが、
どのように身体に作用しておるか理解しようとしてみよ。
理解のために意識をして距離を取ることぞ。
観察するように距離を取らねば、取り込まれるぞ。

距離と理解がカギじゃ。

理解が進めば、変容が起こる。
潜在的機能が目覚めるぞ。
次元を超えたエネルギーの流れが始まるぞ。
次元を超えた喜びが食べものになる。
真の喜びは、霊の食べものを食うことぞ。

その大きな喜びを与えてあるのに何故に手を出さんのじゃ。
その喜び、驚きを何故に求めんのじゃ。
夜の時代の多くの人間たちは、それに気づかなかった。
ゆえに、子どもたちに教えることもなかった。
眠っておる人間たちは、それを当然のこととして、
小さな世界で肉体を生きながらえることを人生の目的とした。

夜の時代といえども、
そのような人生が本物ではないと気づく人間たちはおったぞ。
そんな人生はご免じゃと自分の納得する生き方を探す人間たちじゃ。

多くの人間は、食うために働き、一瞬の喜びで満足し、

あとは老いることの恐れとあきらめで生きていく。
それにあらがう者もおる。
それを商売にしておる者もおる。
すべて、肉体の喜びだけを追い求める末路じゃ。

そのような人生は嘘じゃと気づけよ。
考えを改めよ。
眠っておる人間たちの言うことに耳を傾けるな。

喜びが、神であるぞ。
神示は、喜びへの道であるぞ。
神示を魂の食とせよ。
見るばかりでは身につかん。

よく嚙みしめて味わって喜びとせよ。
味覚は、食うだけのために与えておるのではないぞ。
人間は、全てを味わえる感覚を持っておるのじゃ。
喜びを味わえ。

苦も味わえ。
人生を味わえよ。
鋭敏な味覚を研ぎ澄ませよ。

神との結婚

次には神との交わりぞ。
交流、和ぞ。
これまで知られなかった驚きと大歓喜が生まれるぞ。
神との結婚による絶対の大歓喜。
神が霊となり、花婿となる。
人間は、花嫁となる。

天の気は、上から下へ流れると申した。
男の気は、能動的な気ぞ。プラスぞ。与える気ぞ。
神が与えるのぞ。

女の気は、受容的な気ぞ。マイナスぞ。受け入れる気ぞ。

人間は、花嫁となって気を受け入れるのぞ。
受け入れるためには、神に自分を明け渡さねばならん。
女は、受け入れる肉体を持っておる。
男は、自分の内なる女の魂を成長させよ。
花婿は、花嫁に与えるであろう。
花嫁は、それをありがたく受け入れるであろうが。
神へ明け渡せよ。

神は父であり、母であり、花婿ぞ。
この花婿は、いくら年を経ても花嫁を捨てはせぬぞ。
永遠に続く結び、結婚じゃ。
何ものにも比べることのできぬ驚きぞ、喜びぞ。

花婿殿が手を差し伸べているのに、なぜ受け入れようと思わんのか。
神は理屈では分からん。
神を理解しても交わらねば、神と融け合わねば、真理は分からんぞ。
なんとすばらしいことかとびっくりする仕組み。

神と和合し、結ばれた大歓喜は、死を超えた永遠のものとなる。
消えざる火の大歓喜。
これが誠の信仰、神は花嫁を求めておるぞ。
早く神の懐に抱かれよ。
大宇宙に融け入れよ。

それでも躊躇しておる人間よ、
何が止めておるのか、己の心の内をよく見てみよ。
恐れと疑惑が人間の智をまとって、そなたを縛っておろうが。
他人事のように神と距離を置いておろうが。
今までの夜の時代の習慣じゃ。
だましの世で慣れ親しんだ疑いの反応じゃ。

陽は上っておるのに、まだ眠るつもりか。
目覚める人間は増えておるぞ。
進化に遅れるぞ。
獣人間で人生を終わらせるなよ。

獣人間

焦ってはならん。
そなたたち人間は、これぞと思うと、一足飛びに階段を昇ろうとする。
何事も一段ずつ、一歩ずつぞ。
それより他に進み方はない。

最初の一歩は、そなたの中におる獣を認め、教え、導かねばならん。
獣を人間と同じにしようと考えてはならん。
獣は獣として導かねばならん。
獣は、慾と執着と負の感情で動くのじゃ。
傷を負い、怒りと恐れを抱いた獣に、すぐ近寄ろうとはせんであろう。
戦おうとはせんであろう。

最初は、獣である慾や執着から離れることじゃ。
これは、すでに伝えたぞ。
時間をかけよ。

次の段階は、怒り、憎しみ、破壊欲、恐れの感情じゃ。
これらは、本来獣人間に備わったもの。
多くの人間は、これらを発散することが自然な生き方だと思い違いしておる。
それは、獣のあるがままであるぞ。
人間ではないぞ。

また、これらを我慢したり、隠したりする人間も多い。
怒りを、恨みを隠して、良き活動をしておると思う者、
強く見せようとする者、
善良な民であることを表現する者、
これは成長ではない。
止まったままぞ。
ますます大地に悪の気を流しておるのぞ。

これらの感情は悪いものではない。
中行く心で見よと申したであろう。
痛みは、成長を促すものぞ。
痛みは、変容のカギぞ。

風雨に耐えた大樹を思い出せ。

まずは、認めよ。
自分の中に獣がおること、
恐れがあること、
攻撃心があること、
憎しみがあること、
悲しみがあること、
怒りがあることをはっきりと認めよ。
そして、正しき良き人間という隠れ蓑で生きておることを認めることぞ。
理解することぞ。
許すことぞ。
抱き参らせることぞ。

瞑想せよ。
時間をかけよ。
心から、それができるようになると癒しが起こり、変容が起こるぞ。

心深くにある怒り、憎しみ、破壊慾、恐れは、
寛容、勇気、愛、慈悲に変容するのじゃ。
するとそなたの中におる獣は鎮まる。
安心して鎮まる。
そのエネルギーは弱まっていく。

そして怒りは、寛容に変わる。
好奇心が起こり勇気が湧くぞ。
攻撃心は、慈悲に変わるぞ。
怒り、恐れの卒業じゃ。
浄化とは、そのことぞ。

世は七度の大変わり、いよいよの段階に入ったら、
我(われ)よしの人間には、何が何だか分からんようになり、
焦れば焦るほど、深みに落ち込むぞ。
獣が目を覚まし暴れるぞ。

心の窓を大きく開いて、小さい我(が)の慾から離れると、遠くが見えて来るぞ。

見えたら、先ず自分の周囲に知らせよ。
知らせることによって、次の道が開けて来る。

死ぬ時には死ぬのが喜び。
遊ぶ時は遊ぶが良いぞ。
冬になったら冬ごもり。
言葉と時と、その順序さえ心得ておれば、すべて自由ぞ。

友を作る

そなたたちは何時も、「あれも良いがこれも良い」と迷い、
迷いの世界を生み出しておる。
自分で自分を苦しめておる。
気の毒なことよ。

これと一旦信じたら、任せ切れよ。
舵を放して、鳴門の渦の中に任せ切れよ。
任せると開けて来る。

どこまで任せきるか、それが神の試ぞ。
悟れたようでいて、悟り切れんのは、任せ切らんからぞ。

そなたは、いつも心の奥に孤独を感じておる。
そなたの不運は、その孤独からぞ。
孤独じゃと思うておるから、
何事も自分でせねばならんと思うておるであろう。
頼ってはならんと自分に鞭打っておるであろう。
信じてはならんと思い、他を疑っておるであろう。
神に頼らず、人間に頼ろうとしておるであろう。
それも心の裏に取引がある。
すべて、エゴが思わせる「孤独」からじゃ。

すべてを友とせよ。
すべてが自分ぞ。
友作れよ。
友を作ることは、自分を作ること。
友を作ることは、新しき世界を作ることぞ。

ひとりの世界は知れたものじゃ。
ひとりでは、真の道を生きてはいかれん。

友と申しても、人間ばかりではないぞ。
山も友、川も友、動物も植物も、みな友ぞ。
大地も、大空も、みな友となるぞ。
何もかも、みな友じゃ、みな自分じゃ。
みなが自分となれば、小さき自分は無くなる。
小さき自分が無くなれば、永遠に生命する無限の自分となる。

御神前で拝むばかりでは狭い。
野菜拝めば野菜が、魚拝めば魚が自分となる。
拝むことは和すこと、和すことが、友作る秘訣ぞ。
友を自分とすることは、自分を友とすること。
友に捧げることじゃ。

お尻をふいてやれ

親は子に捧げるからこそ、子が親になれる。
そなたが赤ん坊のままであったら、出来んことぞ。
お尻を出す者があっても、決して怒ってはならん。
子のお尻だと思って、きれいに拭いてやれよ。
お尻を出されるのは、出されるだけのわけがあるからぞ。
そなたの内に映っているものがあると申した。
右の頬をたたかれたら、相手に映った自分が何であるか悟れよ。

利子は後から支払えば良いと思っているが、
先に支払うこともあるぞ。
それは損じゃと申して、我（われ）よしに走るではないぞ。
世が迫って来ると、先にお尻を拭かねばならんことも出て来る。

後で神が、そなたのお尻をきれいに拭いてくださるぞ。
ぶつぶつ申さずに、勇んでやってくだされよ。
得るよりも、与えることに心せよ。
与えることは、いただくことじゃ。

与えさせてもらう感謝の心を持てよ。

強く押すと強く、弱く押すと弱くはね返ってくること、
よく分かっておろうが。
自分のものというものは、何ひとつ無いこと、
良く分かっておろうが。

碧玉（へきぎょく）の巻

戒律、秩序、法則

低い世界は、戒律がなくてはならん。
人間の頭で戒律と秩序と法則をゴチャ混ぜにしておるぞ。
戒律は、罰を設けて縛ること。
罰がないとできん人間の世界が、低いのじゃ。

秩序がなければ、人間は勝手なことをして、
社会は混乱すると申しておるが、その発想も低いのぞ。
秩序という名のもとの戒律で、縛っておるではないか。
家庭も教育も、子どもたちを立体に成長させるのではなく、
秩序ある行動をするように、罰を設けて調教しておる。
おかしな社会だと思わんか。

規則や法律の多さは、世界の低さを物語っておる。

法則は、本来変えられない大宇宙のルール、
大自然のリズムじゃ。
その法則から離れた規則は要らんぞ。

今の世は、秩序を求めながら、戒律を作っておる。
法則を無視して、勝手な規則で人間を縛る。

人間の肉体は、自然のリズムに合った生活をすると、
健康を保てるようにできておるのじゃ。
腹が減っておらんのに、時間が来れば食べておる。
頭も身体も休息の時間になっておるのに、運動しておる。

「国民のため」と言いながら、誰かにとって都合の良い社会。
それに気づかず、金のためじゃと申し、
せっせと適応しようとする羊たち。
目に見えぬ戒律で、自分の心も縛っておるぞ。

秩序は、調和と共にあるものぞ。
身魂の磨けたやまとの民は、遺伝子の中に愛と調和があるから、
戒律は要らん。
秩序は、おのずと生まれる。

法則は、宇宙だけに存在する。
宇宙は法則に則って常に変化しておるであろうが。
誰もその法則から逃れることはできん。

法則を無視した歪んだ社会で不調和が起こっておろうが。
ひずみが起こっておるのが分かるであろうがな。
戒律は、人間社会では法律となり、
縛らんでもよい者も縛っておる。
外からの戒律や秩序が必要なのは、獣人間だけじゃ。

この世は、獣人間、人間、菩薩が共存しておる。
人間は、この地球に立体、立立体として存在しておる。

それを一様に法律で縛るのは、悪平等ぞ。
戒律、法律で縛らんでも調和できる人間を育てられんのは、低い社会ぞ。
平面と立体とをゴチャにするのと同じ、迷いの道であるぞ。
気をつけてくだされよ。

禍(わざわい)

禍というものは無い。
光を忘れ、光に背くから嫌なことが起こるのじゃ。
影が差すのじゃ。
禍とか悲しみという暗いものが無いのが、誠であるぞ。
中心は無と申してあろう。
中心は見えんから分からん。
分からんから、外のカスばかり見ておる。
それゆえ、つまらん事で、つまらん事が起こって来るのぞ。
見えぬ力が、永遠の生命と現われるのであるぞ。
見えぬ力を見る目を持てよ。

何事も起こっておらんときに、
見えぬ世界で何が起こっておるのか、意識を向けてみよ。

禍を見る目を変えてみよ。
自分の内の何が道から外れたのか、胸に手を当てて考えてみよ。
禍の種類が分かれば、見当つくであろう。
禍は神の言葉じゃ。
何を手放す必要があったのか、
何が妨げとなって道を外してしまったのか、
どんな我（が）で霊線が切れたのか、
神の言葉は、禍の中で伝えておるぞ。
汲み取ってくれよ。

見えるものは、有限じゃ。
喉元過ぎれば熱さを忘れ、
大やけどしても、死にそうになっても分からん人間大勢ぞ。

痛みは、成長の母。

元の元の元をよく見極め、
中の中の中の見えぬものを摑めよ。
そこから正さねば、外側からばかり清めても何もならん。

星座の巻

陰陽和合

父のみ拝みたたえただけでは足りん。
母に抱かれ、母の乳をいただかねば、成長できんぞ。
拝んで父をたたえ、
母に抱かれ和合することで、
神の気がいただける。
今の人間は、父への拝みだけで、母に抱かれてはおらん。
乳はもらえてないぞ。

外から何を得ても、満たされん気持ちを抱えておるであろう。
人間の満たされん気持ちというのは、
神の気をいただいていないからぞと申した。

一神として拝んでも足りぬ。
二柱でも一方的、十万柱としても一方的ぞ。
陽の父、陰の母、陰陽和合した拝みが要るぞ。

光の存在ばかりを拝んでもだめじゃ。
影の存在も拝め。
影の存在は、痛みや苦を与える神ぞ。
誘惑する悪神や、ささやく邪霊も拝め。
全てを拝み、和合せよ。すべてを抱き参らせよ。

穏やかな晴れの日もあれば、
風雨にさらされる日もある。
すべてを糧とした木は、大樹となるぞ。

龍音の巻

霊の見極め

幽界は、人間界と最も深い関係がある。
ほとんどの初期の霊懸かりは、この幽界からの感応による。

高級界かどうかは、霊懸かりの動作をよく見極めれば、すぐ分かる。
感情が高ぶったり、威張ったり、命令したり、断言したりするものじゃ。
高度の神の名を名乗ったりするものは、必ず下級霊じゃ。
インチキ霊にだまされるなよ。
上級霊は、自分がすごいなど言わんぞ。

たとえ神の言葉でも、何度も見極めよ。
迷信であっても、それを信じる人間が多くなれば、

信じる想念によって実体化し、
力のある幽界の一部をつくり出すことがあるから気をつけよ。
意識の力は大きいぞと申したであろう。
信じる人間が多くなると、その霊も強力になる。
霊の目的は、自分を信じさせて、思うように人間を動かすことじゃ。

邪霊の言葉を聞くことで病が治ったり、
一時、商売がうまくいったりするのは、
その人間の慾を刺激して、成長せんようにすることぞ。
支配慾を自身に満たしたい霊じゃ。
病気直しの霊もおるぞ。
それを信じた人間は、見方が狭くなる。
邪神にすがり成長がないのじゃ。

無いはずのものを生み出すと、それが又地上界に反影して来る。
心してくだされよ。

今の九分九厘の人間は、幽界とのつながりを持つぞ。

欲は、生きるために必要な欲ぞ。健康な欲ぞ。
慾は、飢えぞ。渇望ぞ。執着ぞ。病ぞ。

欲が強まれば慾となる。
支配の慾、権力の慾、金への慾、性の慾、所有の慾、愛着の慾、虚飾の慾、
勝負慾、成果への慾、安全、安定の慾、
これらの慾は、邪霊が刺激しているものじゃ。
全ては、人間の心の内にある獣の慾。
それを求めるうちに、その気が邪霊を呼ぶのぞ。
憑いておるであろう。
胸に手を当てて、よくよく自分の内を調べてみよ。

人間界のことをよく知っている霊は、人間界を去って間もない霊か、
地上世界に長く住んでいた動物霊、人間に憑依していた霊であるぞ。
人間霊以外の霊で人に憑依するのは、日本では天狗霊がある。
憑かれると、高慢になるぞ。

神的な霊もある。ほがらかで人がよさそうだが役に立たん。

箸にも棒にも掛からん。
仙人霊は、食に神経質になり、霊的癒やしに興味を持つぞ。
狐霊は、顔が変わるぞ。
言葉で惑わしたり、操ったりする。
今の世は多い。
狸霊は、目先の楽しみや楽な方にすぐ流れ、ものを考えない軽き輩。
よくしゃべるのも特徴じゃ。
猫霊に憑かれた者は、普段はすまし顔じゃ。
欲しい時にはしつこくつきまとい、用が済めばいなくなる。
慾の波長が合った人間に憑きやすい。
猫好きは気をつけよ。

正しいことを伝えておるからといって、高級霊とは限らんぞ。
奇跡を起こすからといって、神だとはいえんぞ。

多くの人間は邪霊を嫌がるなれど、
どんな下級霊であっても、その霊を馬鹿にしてはならん。
とんでもないことが起こるぞ。

邪霊と分かれば、神示を読んで聞かせよ。
動じず、静かな心でおれよ。

真の神には奇跡はない、奇跡がないことが大きな奇跡ぞ。
奇跡を起こすものは、亡びる。
高級霊は態度が立派であるぞ。
分かったか。

紫金（しこん）の巻

神のように

日々のそなたたちの御用が、神の御用と一致するようにせよ。
それは、そなたたちが神となって生きてみることぞ。
神のように目覚めよ。
神のように食せよ。
神のように家を整えよ。
神のように言葉を発せよ。
迷ったときは、「神ならばどうするであろうか」と考えてみよ。
神と調和するぞ。一致するぞ。

一致すれば、波動は上がり、霊線がつながり、喜びある暮らしができるぞ。
足らぬものもなくなるであろう。

食べものが喜んで飛び込んで来る。
着る物が着てくれと飛び込んで来る。
住居も出来て来るぞ、心のそれぞれも同様ぞ。
調和すると、どのようなことが起こるか試してみよ。
何も起こらん時は、調和しておらん時。
それを物差しにして、日々、神人となれ。

いよいよの時

大掃除が激しくなると世界中の人間はみな、仮死状態となる。
掃除が終われば、因縁の身魂だけをつまみあげて、
息を吹き返して、ミロクの世の人間と致すぞ。
因縁の身魂には、神の遺伝子があるから分かるのじゃ。

月が、赤くなるぞ。
太陽が、黒くなるぞ。
空も、水の流れも、血の色となるぞ。

人間は四つん這いになり、のたうち回るであろう。
草は、黒っぽくなり、花は、原形を留めず、
木々は、大地と共に泥海の色となる。
建物は、氷河が崩れるかのように泥海に沈む。
地上は、息もできぬほどの灼熱となる。
この状態は、だいたい三日間続くであろう。

大地震、火の雨降らせての大洗濯であるから、
一人逃れようとて、神でも逃れることは出来ん。
天地は混ぜこぜとなるのぞ。

次元を超えた三千世界の大掃除じゃ。
人間の身体も半物質となる。

今まで見えておった色や形が変わるのは、
脳が変化しはじめるからぞ。
いよいよ、自分の見ておった世界が幻であったと分かるときが来る。

これまで神示で伝えておったのは、
「こういうことであったか」と、
そなたたちが少しでも落ち着いて、その時を迎えるためじゃ。
中行く心を軸とし、次なる行動の時を待てるよう願ってのことじゃ。

それまでの掃除は、この時のためのものであるから、
早く掃除しろという意味が分かるであろう。

これまでの人間は、世界の見え方、聞こえ方など、
五感しかないものに頼り、それが現実じゃと申していたが、
次々変わるのぞ。
本当の世界が繰り広げられるのぞ。

たて壊し、立て直しを、五感から体験するのぞ。
要らん心配をせず、心静かに生きておくれ。
人間心で物の備えに走らず、
ただ、中行く心を常となるように磨いておくれ。

色霊（いろたま）

いよいよとは一四一四ぞ、五と五ぞ、十であるぞ、十一であるぞ。
これまでは、手の指が四本、それに親指が加わる。
親指は神ぞ。
十本の指に大神を入れて十一となるのぞ。

大地を治めるクニトコタチ神が、
大地を含めた多次元を治めるクニヒロタチ神となるぞ。

クニは、黄であるぞ。
基であるぞ。この世の土台じゃ。
そこは、人間として成長する場であるぞ。
真中ぞ。
自分の成長の場であることが、人生の真ん中でなければならん。
それができていると、純粋な黄の波動となるぞ。

天は、青であるぞ。

天に属するものは御魂ぞ。青ぞ。
青の領域で生きる御魂の言葉は、真の言葉ぞ。
真の言葉を発する者は、純粋な青の波動を得るぞ。
黄と青と和合して、緑じゃ。
愛となり、調和となるぞ。
それが、緑の波動じゃ。
愛と調和で生きる自分ぞ。

黄と赤と和して、橙となる。
橙は、感情や欲となり、成長のための刺激となる。
青と赤と和して、紫じゃ。
天地調和して、神人となる波動の色。
紫になると、時空を超えることのできる人間となる。
神人とは、澄んだ六色をもち、
それぞれが調和しておる者のこと。

さらに七となると、ひとつ高い意識の次元に生きる。
自分の意識は無くなり、

すべてと一体の意識を持った人間となる。

さらに八となると、もうひとつ高い意識を持ち、
意識さえなくなる空の状態を知った人間となる。

そして、白黒を加えて十となる仕組みじゃ。
白は、神々の神の神であられる大神の領域、
言葉では語れん領域じゃ。
黒は、何ものも生まれておらん虚空の領域。

人間が進化し、神となると、
この十の仕組みを内包する意識となる。
この十の領域が、すべて意識の中に在るようになる。
これが色霊。霊的領域と色の一致じゃ。

心を無にして、空に生きる

大峠の後は、神になる人間もおれば、この世を支える人間もおる。

この世を雨風から守るために、盾となる人間もおるぞ。
人間は、具体的に言うてくれと申すなれど、
人間の申す「具体的」とは、凝り固まった一方的なものではないか。
物質界では、具体的に見えたり、聞こえたりするものであるが、
霊界、神界にいくにつれて、
具体的なものは無くなり、言葉では説明できん世界となるのぞ。

今の科学では、具体的なものを探求するが、大きいものは探求できん。

大きいことを伝えるぞ。

大宇宙は、多次元も含め、無限宇宙の中に、数千億の銀河系がある。
ひとつの銀河系に二千億もの太陽系があり、
そなたたちが住んでおる太陽系は、そのひとつじゃ。

巨大な宇宙の内部は、すさまじい高速で螺旋を描きながら、
絶対無、絶対空という根源神に向かって進んでおる。

大宇宙の進化じゃなあ。

それぞれに、人間の一生のように周期がある。
宇宙も生まれ、活動し、死んでゆく。
その宇宙の周期が終わるとき、宇宙が死ぬとき、すべてが無くなる。
そして、次に生まれしとき、新しい周期が始まる。
無の始めであり、空の入り口じゃ。
新たな段階が始まるのぞ。

過去、この宇宙も、この周期に入った。
無から始まり、有となり、また無や空となって進化しておる。
そして、死を迎え、次の周期へと進化する。

今の人間が住むこの宇宙は、下から二番目じゃと申した。
大峠となると、一旦は下の地獄のような世界へ落ちると伝えた。
そして、次の三番目の周期の宇宙へと進化する。

大峠の後、その三番目の宇宙に行ける人間、残ってやり直す人間、一番下の世界へ落ちる人間に分かれる。
ゆえに、わたくしはひとりでも多くの人間を、
進化の方向へ導くために伝えてきたのじゃ。
分かったか。

心を無にして、空に生きよ。
絶対無、絶対空である大宇宙の進化を意識した神人となれよ。
常に、永遠の存在であるという立場で生きよ。
生きることは、死に向かって進むこと。
死は、新たな生に向かって進むこと。
生に学び、死に学ぶ。
痛みを喜びとし、喜びで進化してくだされよ。

真に生きる大道の目覚めが始まっておるぞ。
日本晴れ、世界晴れて、宇宙が晴れるぞ。
全てのものたちよ、
わたくしについて参れ。
もう迷うではないぞ。

註

＊註1　P19　五十九の身魂

「五：数字としての天、０：大神の御霊、九：生命体として星々

これらは、神の言葉である数字じゃ。

この人数がそろえば、集いの中に神が入り、力は大増幅する。

集いの中で数がそろわなければならん。本来は小グループでの集いであるが、その中の各人が別に集いを作ることで縦のつながりができる。エネルギーラインじゃ。

ただ、身魂の磨けた人間だけが集まってもだめじゃ。

集いの中で学びをすることが大切じゃ。」

「成長、神とのつながり、覚醒、波動を広げることじゃ。

やりたいようにやればよいし、やりたくなったらやればよいぞ。

知識や分析の集いではだめだぞ。」

＊註2　P32　瀬織津姫穂乃子

一度だけ人間だったことがある。

「人間として化身していたのは、縄文時代じゃ。その頃、天照大神からメッセージを受け取っておった。

それがわたくしのお役目であった。

縄文人は、それぞれが神と対話ができていたので、わたくしが特別ということではない。」

アマテラスさまは、穂乃子さんの上にいる神様です。

人間の経験はないそうです。

アマテラスさまの中に穂乃子さんがいるという感じです。

アマテラスさまも穂乃子さんも、神々をまとめられる大神様。

いろいろな地（日本以外にも、地球以外にも、多次元にも）に行かれているそうです。

古事記、日本書紀のアマテラスさまは、その当時の人たちが作った神です。

「出口なお、王仁三郎、天明に下ろしたのはわたくしじゃ。

日月神示を下したのはクニトコタチノ神ということにしておるが、わたくしじゃ封じられていたため、わたくしが表にでなかった。

今回もわたくしの神示。」

地球をコントロールしようとする闇の存在にとって、人間を光の世界に覚醒させようとしていた穂乃子さんが邪魔だったという理由のようです。夜の時代でも力を発揮していた、光の存在である穂乃子さんが邪魔だったようです。

悪神が乗り移った人間に封じ込められたそうです。

日本の弥生時代に、日本の何か所かの地に分けて封じ込められたようです。

「弥生時代のことについて少し伝えよう。

闇の時代が到来し、ピラミッド型の社会を作るために、闇のお役の支配者たちが、わたくしの御霊を封じ込めた。

霊としてのわたくしの力が邪魔であった。

この頃の人間たちは、眠りにつきはじめていたので、神のメッセージは降ろせなくなっておった。

卑弥呼というのは、神の言葉を降ろせる者たちは、職の名称で、みな、その名で呼ばれた。

それゆえ、卑弥呼は各地に存在した。」

２０１７（平成29）年（酉の年）６月24日に、最後の封印が解かれた。

＊註3　P164　人間になるまで、何千万年もの時間がかかった。

「その当時、人間にできる生き物はいなかった。

人間の基はその頃の地球のお土から作った。

当時のお土には大神の純粋意識が入っておった。

全く何ものかもわからないが、すべてになりうる可能性をもった意識じゃ。

そのお土が地球で体験を繰り返すうちに学んでいく。

それにつれてだんだん、形も変わっていく。

土であったものは微生物に触れることで微生物になる。

どんどんいろいろなものに触れるうちに、学び、吸収し、進化していった。

この意識には取り入れることしかない。拒否はないのじゃ。

何でも受け入れて自分のものにしていった。

人間の御魂が入れるようになるまでに何千万年もかかった。

わたくしたちエロヒムがずっとそれを観察し、危険な時は守ってきた。

今の地球には当時の純粋意識はないが、土は土として意識があり、学びがあり、お役をしておる。

類人猿や原人と呼ばれるものは人間の祖先ではない。

類人猿としての進化は終わった。

人間は、ミッシングリングと呼ばれている期間、人間の形ではなかったが、人間になりつつあった。

この時期に、強い心魂を入れた。

ライトボディだけの存在だった。

(見えない長細い風船のよう)

だから骨などが発掘されないのは当たり前のことじゃ。

そのうち、肉体として物質化していった。

完全に物質化するまで、半物質であったり、物質から半分出ていたりしておった。」

クロマニヨン人もネアンデルタール人もエロヒムが作ったそうです。

ネアンデルタール人は、穂乃子さんとは違う別のエロヒムによって作られたそうです。

「御魂」は、クロマニヨン人とネアンデルタール人の両方に入っているそうです。

その他にも何か所かに作ったそうです。

＊註4　P226　アは元のキの神の子、ヤとワは渡って来た神の子。㋳㋻は渡って来る神の子。

「それぞれの音が表す神の子。

ひふみよいむなや…は、ムからウになり、またムになるという創造の循環のこと、大宇宙を創造する元素のエネルギーじゃ。

それとは別に、ア、エ、イ、オ、イ、ウというものがある。

これは、現象界に出てきて、その結果の結果の結果…と続くことをいう。わからんであろうなあ。

伝えた言葉のみを説明するぞ。

アは、地球にとっての直接的天界を意味する。

ヤとワは、ユツタの民のように、意識レベルの高い他の星々を意味する。ユツタだけではなく、もうひとつの民がおるのじゃ。

〇は、人間の肉体を持っておるという意味じゃ。」

この書籍の出版にあたって、「神示を、どこで、誰が降ろしているかは、一切、開示しない」という条件のもとで、刊行しています（弊社にも知らされていません）。「神示を降ろしている役目の人は、世に出るつもりはない」とのことです。

お問い合わせにも一切応じられないとのことなので、弊社に問い合わせをいただきましてもお答えできませんのでご了承をお願いします。

※このメッセージは2021（令和3）年に降ろされたものです。

よひとやむみな

●

2021年8月22日　初版発行
2024年3月16日　第6刷発行

著者／穂乃子

DTP／山中 央

発行者／今井博揮
発行所／株式会社 ナチュラルスピリット
〒101-0051 東京都千代田区神田神保町3-2 高橋ビル2階
TEL 03-6450-5938　FAX 03-6450-5978
info@naturalspirit.co.jp
https://www.naturalspirit.co.jp/

印刷所／創栄図書印刷株式会社

ISBN978-4-86451-372-2 C0014